지못미, 경제!

지못미, 경제!

지은이 | 장기표
펴낸이 | 김성실
편집 | 최인수 · 여미숙 · 이정남
마케팅 | 곽홍규 · 김남숙 · 이유진
디자인 · 편집 | (주)하람커뮤니케이션(02-322-5405)
일러스트 | 한주리
인쇄 | 삼광프린팅
제책 | 바다제책
펴낸곳 | 시대의창
출판등록 | 제10-1756호(1999. 5. 11)

초판 1쇄 | 2009년 12월 10일 펴냄
초판 2쇄 | 2011년 8월 10일 펴냄

주소 | 121-816 서울시 마포구 동교동 113-81 4층
전화 | 편집부 (02) 335-6125, 영업부 (02) 335-6121
팩스 | (02) 325-5607
이메일 | sidaebooks@daum.net

ISBN 978-89-5940-170-3 (03300)
책값은 뒤표지에 있습니다.

지못미, 경제!

장기표 지음

시대의창

　동빈아! 경제적 어려움 때문에 세상이 난리란다. 굳이 미국 발 금융대란이 아니더라도 이미 전 세계 대부분의 나라들이 심각한 경제적 어려움을 겪고 있거든.

　그런데 동빈아! 이처럼 경제가 심각한 어려움에 처해 있는데도 경제위기의 원인과 해결책을 제시하는 사람이 없단다. 어느 누구도 이를 정확히 예측해서 그 원인과 해결책을 제시하지 못하고 있으니 말이다. 지난 5월 '한국경제TV'가 주최한 '세계경제금융 컨퍼런스'에서 작년 노벨경제학상 수상자인 폴 크루그먼 미국 프린스턴대학 교수가 기조연설을 했는데, 거기서 그는 "경제위기의 해법을 찾기 위해 노력했지만 찾지 못했다"고 말했단다. 유명 대학의 경제학 교수이고 노벨경제학상 수상자이며 《뉴욕타임스》 인기 칼럼니스트이기도 한 사람이 경제위기의 해법을 모르겠다고 하는데 다른 사람은 알고 있을까?

경제적 어려움 때문에 세상이 난리인데도 경제위기의 원인과 해결책을 제시하는 사람이 왜 없을까? 두 가지 이유 때문일 거야. 하나는 경제학의 숙명적 한계 때문이고, 다른 하나는 오늘의 세계적 대변화에 대한 역사의식의 빈곤 때문이란다.

경제학이 경제위기의 원인과 해법을 제시하지 못한 것은 오늘날뿐 아니라 역사적 변동기에는 언제나 그랬단다. 본래 자연과학과 기술의 발달에 따라 사회의 발전이 이루어지고, 사회의 발전에 기초해서 사회과학이 성립하니, 사회과학으로서의 경제학은 사회의 발전에 뒤처질 수밖에 없는 거지. 경제학의 숙명적 한계를 말해주는 거란다. 1929년의 대공황이나 1970년대 오일쇼크 때의 경제침체 등을 보면 경제학이 얼마나 실물경제의 진전에 뒤처져 있는지를 확인할 수 있단다.

그리고 지금의 경제학자들이 경제위기의 원인과 해법을 제시하지 못하는 것은 오늘의 세계적 대변화를 문명의 전환으로 보지 못하는 역사의식의 빈곤 때문이란다. 동빈아! 요즘 세상이 엄청나게 변화하고 있지. 너희들에겐 통상적인 변화로 보일지 모르나 사실은 문명이 전환하고 있는 거란다. 산업문명시대가 가고 정보문명시대가 도래하고 있는데, 이 정보문명시대는 사회적 생산력의 비약적 발전으로 인간이 해방된 삶을 살 수 있는 시대거든. 그러나 정보문명시대의 도래에 제대로 대응하지 못하면 오늘 전 세계가 맞고 있는 바와 같은 경제위기는 물론이고 사회가 붕괴하는 대재앙을 맞게 된단다. 그래서 오늘의 세계적 대변화를 문명의 전환, 곧 정보문명시대의 도래로 보고 경제위기의 원인을 분석하고 해결책을 모색해야 한단다.

나는 이런 관점에서 오늘날 전 세계를 덮치고 있는 경제위기의 원인을 분석하고 그 해결책 그리고 새로운 이념과 정책을 제시하려 한단다.

그런데 세계적인 경제학자들도 잘 모르는 것을 내가 어떻게 알까 싶지? 그 이유는 이렇단다. 나는 오늘의 세계적 대변화를 문명이 전환하는 것으로 보고 있단다. 그리고 이 역사의식에 기초해서 경제위기의 원인을 분석하고 해법을 제시하고 있단다. 내가 '신문명' 내지 '문명의 전환'을 주장하면서 새로운 이념과 정책을 강구해야 한다고 강조해온 이유가 바로 여기에 있단다.

이런 점에서 지금과 같은 역사적 대변혁기에는 '경제기술자'가 필요한 것이 아니라 '경제사상가'가 나와야 한단다. 나는 비록 경제사상가로 자처하기는 어렵지만 40여 년간 모든 사람이 인간답게 살 수 있게 하기 위해 온갖 노력을 다해왔단다. 특히 경제활동, 곧 노동 속에서 보람과 기쁨을 누릴 수 있도록 하는 것이야말로 인간의 행복에 가장 중요한 일이라고 보아 이를 탐구해왔지. 따라서 '경제기술자'와는 근본적으로 다른 견해를 제시할 수 있을 것 같구나.

그런데 어른도 알기 어려운 경제문제를 꼭 알아야 하나 싶기도 할 거야. 공부하기도 바쁜데 말이다. 그러나 경제는 어른들만의 문제가 아니란다. 오늘의 경제적 어려움은 어른들보다 너희 청소년들에게 더 중요한 문제가 될 수 있지. 더욱이 미래의 주역이 될 너희들로서는 앞으로 전개될 세상이 어떻게 변화할지 알아보는 것이 여러 측면에서 의미 있는 일이거든.

여러 사회현상에 대한 적극적인 문제의식에 기초해서 인생의 목표로서의 꿈과 이 꿈을 이루고자 하는 열정을 갖게 된다면 학교 공부도 잘하게 될 거야. 인생은 꿈의 높이만큼 오르고 열정의 크기만큼 이룬다고 하니 말이다.

아무쪼록 경제에 대한 올바른 이해를 통해 세상을 정확히 알고 인생을 행복하게 사는 데 이 책이 작은 도움이 되었으면 한다.

장 기 표

CONTENTS

CONTENTS

Chapter 01

세계적 경제위기에 대해 어떤 문제의식을 가져야 할까?

동빈아! 어떤 문제를 정확히 이해하고 그 해결책을 모색하기 위해서는 문제의식이 있어야 한단다. '문제의식'이란 어떤 현상을 보고서 '저건 문제가 있다. 왜 저럴까? 어떻게 하면 저 문제를 해결할 수 있을까?' 하고 적극적으로 대처하려는 태도를 말한단다. 경제위기와 관련하여 말한다면 '왜 경제가 어려울까? 어떻게 하면 경제를 회생시킬 수 있을까?' 하는 마음을 갖는 것을 말하지.

그런데 동빈아! 경제뿐 아니라 모든 문제에 대해서도 문제의식을 가져야 한단다. 공부할 때도 문제의식을 가지고 하는 것과 문제의식 없이 하는 것은 하늘과 땅 만큼의 차이가 난단다. 즉 문제의식에 기초해 인생의 목표로서의 꿈과 사명감을 가져야 공부를 잘 할 수 있는 거란다. 이런 점에서 문제의식이야말로 학습의욕을 갖게 하는 가장 중요한 동기란다.

그러면 오늘의 경제위기와 관련해서는 어떤 문제의식을 가져야 할까? 물론 사람에 따라서 문제의식의 내용이 다를 수 있겠으나, 내가 보기에는 적어도 다음과 같은 문제의식이 있어야 할 것 같구나.

우선 지난날 100명이 일하던 것을 지금은 50명이나 10명이 일해도 될 만큼 생산성이 비약적으로 발전했는데 왜 경제가 어려울까 하는 거지. 또 미국이나 영국 또는 일본, 프랑스, 독일 등 이른바 선진국들이 개발도상국들보다 더 큰 경제위기를 맞고 있는데 왜 그럴까 하는 것이다. 미국의 경우 세계에서 자원이 가장 풍부하고 과학기술도 발달해 있으며 세계 제1위의 경제대국으로 국민소득이 4만 달러가 넘는 나라인데, 왜 경제가 파탄상태로 내몰려 다른 나라의 경제까지 어렵게 하고 있을까?

일본도 마찬가지다. 세계 제2위의 경제대국으로 국민소득이 3만 5000달러를 넘고 해외자산이 1조 8000억 달러나 되는데도 '잃어버린 10년'이란 말이 나올 정도로 장기불황을 겪고 있단다. 왜 그럴까?

그런데 이런 현상은 미국과 일본에서만 나타나는 것이 아니란다. 영국은 말할 것도 없고 독일, 프랑스, 이탈리아 등도 마찬가지란다. 기업도산이 줄을 잇고 실업자가 쏟아져나오고 있거든. 그동안 엄청난 경제발전과 국민복지를 누렸던 선진국들이 왜 기업도산과 대량실업 사태에 빠져 경제위기를 맞고 있을까? 우리는 이런 문제의식을 가져야 한단다.

그리고 경제가 이토록 어려운데 어떻게 하면 경제위기를 극복할 수 있을까, 어떤 해결방안들이 제시되고 있을까 하는 문제의식도 가져야 하겠지.

그런데 동빈아! 이런 문제의식을 갖는 것이 너무나 당연한데도 문제의식을 갖는 사람이 별로 없는 것이 문제란다. 일반 국민들이야 '경제 전문가들이 알아서 하겠지'라고 생각해서 문제의식을 갖지 않을 수도 있겠지만 경제전문가들이나 사회지도층 인사들, 특히 정치인들은 당연히 문제의식을 가져야 하지 않겠니? 그런데 그런 것 같지 않구나. 이 책은 바로 이런 문제의식에서 출발했단다. 문제의식은 고사하고 고민조차 하지 않는 사람들에게 우리의 운명을 맡겨놓아서는 안 되겠다는 거지.

그럼 오늘의 경제는 어떠한 상황에 처해 있고 또 경제위기를 극복하려면 어떤 정책대안을 강구해야 하는지 알아보자. 우선 너희들이 왜 경제를 알아야 하는지를 설명해두어야겠구나. 그리고 오늘의 경제위기를 극복하려면 새로운 경제환경에 맞는 새로운 경제이론이 정립되어야 한다는 것도 밝혀두어야겠구나. 이를 위해서는 경제의 개념도 새로운 관점에서 정립할 필요가 있단다.

Chapter 02

정말로 알 것은 다 알고 있을까

그런데 동빈아! 요즘 '누구나 알 것은 다 안다'고 생각하는 경우가 대단히 많단다. 즉 자기가 잘 모른다고 생각하는 사람은 별로 없지. 특히 정치와 관련해서 사람들은 '정치인들보다 국민들이 더 잘 알고 있다'고도 생각한단다. 그리고 정치인들이나 지식인들이 경제를 살릴 방안을 알고 있으면서도 자기들의 사리사욕을 챙기기 위해 이를 강구하지 않는 것으로 생각하기도 하지.

과연 그럴까? 과연 누구나 알 것은 다 알고 있을까? 특히 정치인이나 지식인이 경제를 살릴 방안을 알고 있으면서도 이런저런 이유로 그 방안들을 강구하지 않아서 경제가 이처럼 어려울까? 물론 그런 점도 조금은 있을 테지. 그러나 그렇지 않단다. 그들은 경제를 살릴 방안을 알고 있지 못하단다. 특히 정치하는 사람들뿐 아니라 신문이나 방송에서 글을 쓰거나 논평을 하는 대부분의 지식인들도 올바른 경제회생방안을 모른단다. 정부 정책에 대해 비판만 했지 대안을 제시하는 경우는 드물거니와 대안을 제시하는 경우에도 대부분 해결책이 되지 못하고 있거든. 설사 부분적으로 타당한 점이 있더라도 국가적인 차원에서 종합적인 해결방안을 강구하지 않는 한 그 대안은 무용지물이 될 가능성이 대단히 크단다.

그리고 이러한 현상은 우리나라에만 있는 것이 아니라 전 세계적인 현상이란다. 미국이나 영국, 일본 등의 경우 엄청난 경제불황에 허덕이고 있는데도 그 원인과 해법을 제대로 제시한 사람이 없으니 말이다. 그 나라의 정치권이 우리나라처럼 권력투쟁이나 하고 국민을 위한 정치를 하지 않아서 잘 모르는 것이 아니라 그들 나름으로는 경제를 살리고 국민의 삶의 질을 높이려고 최선을 다하는데도 그렇게 하지 못하고 있거든.

왜 그럴까? 왜 정치인들은 물론 경제전문가들조차 오늘 우리사회가 직면한 경제위기의 원인과 해법을 모르고 있을까? 그것은 시대상황이 바뀌면 지식도 바뀌어야 하는데 그렇지 못하기 때문이란다. 즉 사회경제상황이 바뀌면 그 사회를 변화·발전시키기 위한 지식, 곧 사회과학이론도 바뀌어야 하는데 지금 우리가 알고 있는 지식은 대체로 산업문명시대에 형성된 지식이기 때문에 정보문명시대에는 적합하지 않거든. 그래서 사회과학부문의 지식은 밑바닥에 있다고 해도 과언이 아닐 거야. 산업문명시대(산업사회)의 분석 틀로서 정립된 사회과학이론들은 당연히 오늘의 정보문명시대에는 통용되기가 어렵단다. 왜냐하면 산업문명으로부터 정보문명으로 전환한다는 것은 산업구조, 인구구성, 사회관계, 사회구조, 인간의 욕구와 희망 등이 전면적으로 바뀌는 것을 의미하고, 이에 따라 사회운영방식으로서의 이념과 정책도 전면적으로 바뀌기 때문이란다.

내가 '문명의 전환'을 주장하면서 산업문명시대 때와는 근본적으로 다른 새로운 이념과 정책을 강구해야 한다고 주장하는 이유가 바로 여기 있단다. 즉 지금까지 통용되어왔던 방안으로는 오늘의 문제를 해결할 수 없는 거지.

상황이 이러하기 때문에 지난날의 지식이 오히려 지금 사회를 분석하고 새로운 방향을 제시하는 데 방해가 되는 경우가 대단히 많단다. 사회주의 이론이 그 전형적인 예지. 마르크스가 사회주의 이론을 정립할 당시는 초기 자본주의사회로서 자본이 사회발전을 주도하는 가운데 자본가계급과 노동자계급이 확연히 구분되고, 생산된 가치의 양은 투입된 노동의 양에 의해 결정되는 노동가치설이 별 착오 없이 들어맞았던 때였단다. 그러나 지금은 그렇지 않단다. 우선 자본의 성격이 바뀌고 계급구성이 달라졌으며 생산되는 가치도 노동의 양에 따라서 결정되기보다 노동의 질(지식과 기술)에 의해서 결정되고 있거든.

요컨대 문명의 전환으로 정보문명시대가 도래하고 있는 만큼 정보문명시대에 맞는 새로운 지식, 곧 새로운 이론이 나와야 하는데도 지난 시대의 지식에 그대로 머물러 있으니, 사회문제에 대한 해결책을 제시하지 못하는 것이란다.

사실이 이러한데도 '알 것은 다 안다'고 생각하고 있으니, 경제위기의 해법이 나올 리가 없지. 경제위기의 해법을 알아내지 못하는 것도 문제지만, 그 해법을 아무도 모르고 있다는 것을 모르고 있다는 게 더 큰 문제란다.

구체적인 예를 몇 가지 들면 우리사회에서 심각한 사회문제가 되고 있는 비정규직문제, 청년실업문제 등에 대해 그 해결책을 제시한 사람이 없단다. 그런 문제에 대해 언급해놓은 글들이 더러 있으나 해결책을 제시하지 못하고 있는 것은 물론 그 원인조차 밝히지 못하고 있단다.

그래서 '알 것은 다 안다'는 생각이야말로 우리사회의 발전을 가로막는 중대한 장애임을 알아야 한단다.

　동빈아! 세상에서 무엇이 가장 중요할 것 같니? 일률적으로 무엇이 가장 중요하다고 말하기는 어렵겠지. 사람에 따라서 그리고 상황에 따라서 중요한 것이 달라질 수 있으니 말이다. 그러나 돈이 가장 중요하다고 생각하는 사람이 제일 많지 않을까? 돈이 있어야 먹을 것이나 입을 것을 살 수 있고, 차도 탈 수 있고 학교에 다닐 수 있으니 말이다. 너무 '돈, 돈' 하는 것은 좋지 않지만 돈을 무시하고는 어떤 일도 할 수 없으니 돈이 중요한 것은 틀림없을 거야.

　그런데 돈을 좀 고상하게 말하면 경제라고 할 수 있단다. 따라서 경제가 가장 중요하다고 볼 수 있겠지. 나중에 경제가 무엇인지 자세히 설명하겠지만 일반적으로 경제란 우리가 살아가는 데 꼭 필요한 물품, 곧 재화와 용역을 생산하거나 소비하는 것을 말한단다.

　그렇다면 경제를 알아야 하는 건 너무나 당연하지. 즉 우리가 살아가

우리가 경제를 알아야 하는 이유는
경제를 알아야 세상을 잘 알 수 있기 때문이란다.

는 데 꼭 필요한 재화와 용역이 어떤 과정을 거쳐 생산되고 유통되며 소비되는지 알아야 그것을 조달하거나 그 과정에 참여하기가 쉬울 것이니 말이다. 물론 그 과정 전부를 알아야 하는 것은 아니지만 개략적으로 알아두면 좋단다. 이 책에서 '경제를 알아야 한다'고 할 때의 경제는 실물경제 자체라기보다 실물경제를 움직이는 논리와 그것을 뒷받침하는 배경을 말하는 거란다.

우리가 경제를 알아야 하는 이유는 경제를 알아야 세상을 잘 알 수 있기 때문이란다. 앞에서 말한 대로 경제란 인간이 살아가는 데 꼭 필요한 재화와 용역을 생산하거나 소비하는 것을 말하는데, 바로 이런 문제는 사회의 다른 부문과 밀접하게 관련되어 있어서 경제가 어떤 논리에 따라 움직이는가를 알게 되면 사회의 다른 부문도 쉽게 알 수 있단다.

우리는 매일 신문이나 방송을 통해 뉴스를 보는데 뉴스의 대부분이 경제와 관련되어 있기 때문에 경제를 모르고서는 뉴스를 이해할 수 없단다. 다른 사람과의 대화도 마찬가지지. 더욱이 경제에서 쓰는 용어, 예컨대 수요, 공급, 투자, 고용, 효율, 분배 등의 용어가 일상생활에서 많이 쓰이고 있는데, 이들 경제용어의 의미를 잘 알지 못하면 상대방이 하는 말을 알아듣기 힘들단다.

그런데 너희들이 진로를 설정하고 직업을 선택하는 데도 경제를 아는 것이 대단히 중요하단다. 경제상황이 어떻게 되어갈 것인지에 따라 진로의 설정이나 직업의 선택이 크게 달라질 수 있으니 말이다.

그런데 경제를 알아야 할 진짜 이유가 있단다. 정보화와 세계화를 통해 문명이 전환하고 있어 경제의 의미가 달라지고 있는데 이 달라지는 경제의 의미를 알아야 인생을 행복하게 살 수 있기 때문이란다.

지난날은 경제의 목적이 주로 부의 획득, 곧 돈벌이에 있었지만 정보문명시대에는 경제의 목적이 주로 자아실현에 있단다. 오늘날 전 세계적인 금융대란에 따른 경제침체가 엄청난 불안과 고통을 야기하고 있지? 이렇게 된 원인은 앞에서도 말했지만 정보문명시대의 도래에 따라 경제의 의미가 근본적으로 달라졌는데도 아직 그 새로운 의미를 알지 못한 데 있단다. 그래서 이 책은 경제가 어떤 논리에 의해서 작동되고 있는지 알려줌으로써 너희들이 인생 최고의 행복인 자아실현의 삶을 살 수 있게 하는 데 중요한 목적이 있단다.

이런 점에서 이 책은 일종의 '경제혁명' 내지 '경제학혁명'을 선언하고 있다고 할 수 있을 거야. 이러한 경제혁명 내지 경제학혁명이 일어나야 참된 의미의 자유와 평화와 복지와 자아실현이 구현되는 인간해방세상을 만들 수 있을 것이니 말이다.

이처럼 자아실현의 인간해방세상을 만드는 경제가 되려면 경제의 의미 내지 경제의 목적이 바뀌어야 한단다. 그런데 경제의 의미 내지 경제의 목적이 바뀌려면 당연히 경제가 무엇인지를 알아야 하겠지. 경제는 곧 돈이라는 생각만 하고서 돈만 추구하게 된다면 경제도 파탄나고 인생도 파탄나게 되어 있거든. 경제를 제대로 알아야 정부나 정치권이 강구하는 경제정책의 옳고 그름을 판단할 수 있단다.

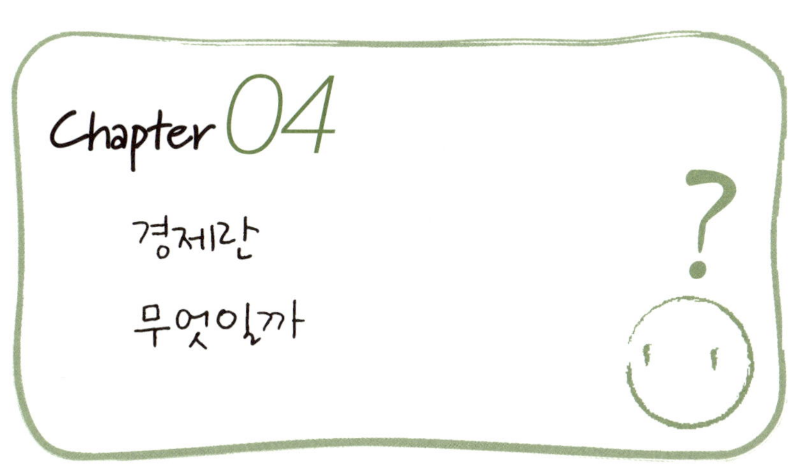

　동빈아! 경제란 무엇일까? 굉장히 쉬운 말 같지만 선뜻 대답하기 어려울 거야. 상식적으로 말하면 경제란 기업을 경영하거나 취직을 해서 돈을 버는 일이라고도 말할 수 있겠지. 또 물품을 생산하거나 분배해서 소비하는 것이나 국가가 경제정책을 수립해서 집행하는 것도 경제라고 말할 수 있을 거야.

　그런데 이 세상에는 굉장히 쉬운 말 같은데도 굉장히 어려운 말이 많단다. 경제도 그 가운데 하나라고 할 수 있지. 그러면 국어사전에는 경제가 어떻게 정의되어 있는지 한번 알아보자. 국어사전에는 경제란 '인간이 공동생활을 하는 데 필요한 재화를 획득·이용하는 활동 및 이를 통하여 이루어지는 사회관계'라고 해두었더군. 국어사전에 있는 경제의 뜻을 보니 경제가 무엇인지 더 모를 것 같지 않니? 사전 만드는 사람이 일부러 어렵게 설명한 것은 아닐 테고 본래 경제란 말이 어려운 말이기 때문일 거야.

경제를 영어로 economy라고 하는데, 이 말은 그리스어의 oikonomia, 즉 '집의 관리'에서 온 말로 절약, 검소의 뜻을 담고 있다는구나. 그러니까 영어의 economy는 서구합리주의 사상에 기초한 자본주의 정신인 합리적 경영과 절약을 의미한단다. 이것은 곧 효율성을 최고의 가치로 삼는 말이라고 할 수 있지. 즉 합리적 경영을 통해 최소의 비용으로 최대의 효율을 얻도록 하는 것이 경제라는 거야. '경제적'이란 말이 '적은 비용으로 큰 효과를 내는 것'을 의미하는 것은 경제를 이렇게 이해하기 때문이지.

그런데 경제의 한자어는 經濟인데 이 말은 경세제민經世濟民 또는 경국제민經國濟民, 곧 '세상을 잘 다스려서 국민을 편안하게 해주는 것'을 의미한단다. 경제가 이런 의미라면 이것이 바로 정치 아니겠니? 정치政治를 한자의 의미대로 해석하면 '물리적인 강제력을 동원해서라도 바르게 다스리는 것'인데 이것은 정치의 한 원칙을 말할 뿐이고, 경제 곧 '세상을 잘 다스려서 국민을 편안하게 해 주는 것'이야말로 정치의 온전한 의미라고 할 수 있겠구나. 그래서 정치라는 말 대신에 경제라는 말로 정치를 나타낸다면 정치의 의미를 더 잘 드러낼 수 있을 것 같구나. 아무튼 한자어의 經濟, 곧 경세제민經世濟民이나 경국제민經國濟民은 경제의 의미를 돈이나 재화의 차원을 넘어 국민의 삶 전체를 포괄하고 있다는 점에서 영어의 economy보다는 훨씬 더 인간적이라고 할 수 있을 것 같다.

그런데 동빈아! 경제를 우리말로 뭐라 할 것 같니? '살림'이라고 한단다. '집안살림' '나라살림'이라고 말하는 경우가 많은데, 이것은 가정경제, 국가경제를 뜻한단다. 경제를 우리말에서 '살림'이라고 표현하는 것은 참 멋진 것 같지 않니? '살림'의 어원은 '살리다', 곧 죽어가는 것을 살아나게 한다는 것이니 말이다. 경제 때문에 이웃을 죽이고 사회를 죽이고 자연을 죽이는 일이 많은 오늘의 세태를 생각하면, 경제를 '살림'이라고 한 것은 대단히 의미 있는 일 같구나. 이웃을 살리고 사회를 살리고 자연을 살리는 '살림의 경제'가 절실히 요구되고 있으니 말이다.

아무튼 우리말에서 경제를 '살림'이라고 표현한 것은 대단히 자랑스러운 일이란다. 경제가 무엇을 죽이는 것이 아니라 살리는 것이 되게 하는 데 소중한 교훈이 될 수 있을 것 같구나.

동빈아! 경제가 무엇인지 낱말 뜻풀이를 통해 대략 알아보았다만, 경제학적으로 경제란 인간의 생활에 필요한 재화와 용역을 생산·유통·분배·소비하는 것을 말한단다. 그런데 재화와 용역을 생산·유통·분배·소비하는 것은 모두 재산, 곧 부富와 관련된 일이란 점에서 경제가 부를 다루는 일이라고 말할 수도 있을 것 같구나. 근대경제학의 시조라고 할 수 있는 아담 스미스가 쓴 《국부론》의 제목이 '국민의 부富의 본질과 그 원인에 관한 연구'인 것을 보더라도 경제가 국민의 부, 곧 국민의 재산을 다루는 일을 의미한다는 것을 알 수 있지.

그러니까 지금까지의 경제는 대체로 부의 취급을 의미했고, 경제학은 이 부가 어떻게 생산되고 유통되며 분배되어 소비되는가를 연구해서 그것이 가장 효율적이고도 공평하게 이루어지는 방법을 연구하는 학문이었단다.

그런데 동빈아! 경제의 의미가 이처럼 부에 머물러 있어서는 안 된단다. 경제가 부에 머물러 있으면 오늘의 경제파탄을 극복할 수 없을 뿐아니라 우리 모두가 참된 의미의 자유와 평화와 복지와 자아실현을 누리면서 살 수 있는 사회를 만들 수 없기 때문이란다. 그래서 다음 장에서는 경제의 새로운 의미를 설명하려고 한단다. 그 설명에 앞서 세상의 변화에 따라 말의 의미도 변화할 수밖에 없고 또 변화해야 한다는 것을 밝혀두고자 한다.

Chapter 05

왜 세상의 변화에 따라 말의 의미가 달라질까

동빈아! 우리는 대개 사물이 고정되어 있는 것으로 생각하기 쉽단다. '김길동'이란 사람과 '동대문'이란 건축물의 경우 어제의 김길동이나 동대문과 오늘의 김길동이나 동대문은 꼭 같은 것이라고 생각하기가 쉽지. '경제'나 '희망' 같은 말도 대개 그 뜻이 고정되어 있다고 생각하지.

그러나 그렇지 않단다. 어제의 김길동은 오늘의 김길동과 여러 측면에서 다를 수밖에 없거든. 태어난 날로부터의 날짜, 젊음의 정도, 건강상태, 생각 등 모든 면에서 어제의 김길동과 오늘의 김길동은 꼭 같을 수 없거든. '경제'나 '희망' 또한 시간의 변화에 따라 그 뜻이 변한단다.

사물의 이러한 성격을 아주 잘 설명한 사람은 석가인데, 석가는 제행무상諸行無常, 곧 '만물은 끊임없이 변한다'고 말했단다. 그리고 그리스의 자연주의 철학자 헤라클레이토스는 '만물은 유전한다'면서 '같은 강물에 두 번 들어갈 수는 없다'는 말을 남기기도 했지. 상식적으로 보면

""

조금 전에 들어갔던 강물에 다시 들어간다면 분명히 같은 강물에 두 번 들어가는 것이 맞을 것 같지만 사실은 조금 전의 강물과 지금의 강물은 꼭 같은 강물일 수 없다는 거지.

이처럼 만물은 끊임없이 변하는 것이어서 같은 것이 계속될 수는 없단다. 다만 인간이 그 변화를 느끼지 못하는 경우가 많고 편의상 오랫동안 변하지 않는 것으로 가정하고 있을 뿐이지. 그러니 경제의 의미도 당연히 변한단다. 그리고 경제의 의미가 변한다면 경제를 연구하는 경제학 또한 당연히 그 내용이 변할 수밖에 없지.

그러면 시대상황이 어떻게 변하고 있고, 이에 따라 경제의 의미가 어떻게 달라지는지 알아보자.

Chapter 06

경제환경이 어떻게 바뀌고 있을까

　동빈아! 지금 세상이 엄청나게 변하고 있단다. 뒤에서 자세히 설명하겠지만 이것은 통상적인 변화를 뛰어넘는 변화인데, 이러한 변화를 정보사회의 도래라든가 세계화시대의 도래라고 보는 경우가 일반적이지. 그런데 나는 이러한 변화를 '문명의 전환', 곧 산업문명시대가 가고 정보문명시대가 도래하는 것으로 파악하고 있단다. 그래야 당면한 경제위기의 원인과 그 극복방안을 알아낼 수 있을 뿐 아니라 앞으로 살기 좋은 세상을 건설할 수 있기 때문이란다. 세상이 엄청나게 변화하는 만큼 우리의 경제생활을 둘러싼 환경, 곧 경제환경 또한 당연히 바뀌고 있지. 그러면 경제환경이 어떻게 바뀌고 있는지 알아보자.

　오늘의 세계적 대변화를 가져오는 주된 요소는 정보화와 세계화라고 할 수 있단다. 정보화는 자동화를 통해 지난날 100명이 일해서 생산하던 것을 지금은 50명 또는 10명 이내의 사람이 일해서 생산해낼 수 있게 하고 있단다. 그래서 정보화는 생산력의 비약적 발전을 가져오는 대신 대량실업과 소득양극화를 초래하는 경향이 있단다.

그래서 정보화에 잘 대처하면 경제적 풍요와 이에 기초한 대중정치 의식의 고양을 통해 참된 의미의 자유와 평화와 복지와 자아실현을 누리면서 인류가 지금까지 누려보지 못했던 최고의 삶을 살 수 있단다. 그러나 정보화에 제대로 대처하지 못하면 기업도산과 대량실업, 소득양극화, 환경파괴, 인간성 상실을 초래해 사회가 붕괴하는 대재앙에 직면하게 되지.

세계화도 마찬가지란다. 세계화란 상품, 자본, 지식, 기술, 정보, 노동력의 국제적 이동이 일상화함으로써 전 세계가 인류 공동의 경제권이 되어가는 현상을 말한단다. 이 또한 잘 대처하면 사회발전과 국민복지에 보탬이 되지만 제대로 대처하지 못하면 경제적 파탄은 물론 민족 정체성의 상실을 가져와 사회가 붕괴하는 대재앙을 맞는단다.

그런데 정보문명시대는 앞에서 설명한 대로 대량실업과 소득양극화를 가져와 이른바 '20 대 80의 사회' 또는 '노동의 종말' 현상을 초래한단다. 지금 전 세계가 대량실업과 소득양극화로 경제적 어려움을 겪고 있는 것은 이러한 정보문명시대의 도래에 제대로 대처하지 못했기 때문이란다. 정보화가 많이 진전된 선진국일수록 경제위기가 더 심한 것도 바로 이 때문이지.

인류역사가 시작되고부터 지금까지는 기본적으로 인간의 삶에 필요한 재화와 용역이 부족했는데, 지금은 그것이 넘쳐나고 있단다. 이것은 문명사적 대변화가 아닐 수 없지. 즉 지금까지는 재화와 용역이 부족했으니까 그것을 더 얻기 위해 경제활동을 했지만 이제는 그것을 더 얻기 위해 경제활동을 할 필요가 없게 되었고 자기의 꿈과 이상을 실현하기 위해 경제활동을 할 수 있게 되었단다.

그렇다고 해서 부를 얻기 위한 경제활동이 아주 없어지는 것은 아니란다. 세상 일이란 단순한 것이 아닌 데다 역사란 중층적으로 발전하기 때문에 어느 한 시점에서 과거의 모든 것이 폐기되고 새로운 것이 나타나는 것은 아니란다.

그런데 현실적으로는 재화와 용역이 너무 많기는커녕 부족해서 어려움을 겪는 사람들이 많단다. 왜 그럴까? 너무 많으면 그에 따른 적절한 조치, 곧 새로운 이념과 정책을 강구해서 조절해야 하는데 그렇게 하지 못했기 때문이란다.

이처럼 재화와 용역이 부족하던 시대에서 재화와 용역이 충분하거나 넘치는 시대로 경제환경이 바뀌고 있단다. 그리고 경제환경이 근본적으로 바뀌니 경제의 개념과 목적은 물론이고 경제를 운용하는 원리로서의 이념과 정책 또한 바뀌어야 하지. 그러면 이와 같은 경제환경의 변화가 인류에게 어떤 의미가 있는지 알아보자.

동빈아! 앞에서 산업의 정보화, 곧 자동화와 신제품으로 사회적 생산력이 비약적으로 발전하여 인간이 살아가는 데 필요한 재화와 용역이 넘쳐나고 있다고 말했지? 인간이 살아가는 데 필요한 재화와 용역이 충분하다면 인간은 모두 잘살 수 있는 것 아니겠니? 게다가 자동화에 따라 노동인력이 대폭적으로 감소하게 되면 노동시간의 단축을 가져와 국민들이 문화생활을 할 수 있는 여가시간을 많이 확보할 수 있게 되지.

그래서 대중의 정치사회의식이 높아지게 된단다.

이처럼 산업의 정보화로 한편으로는 인간의 생활에 필요한 재화와 용역이 충분해지고, 다른 한편으로는 대중의 사회정치의식이 높아져 인류는 참된 의미의 자유와 평화와 복지와 자아실현의 삶, 곧 인생 최고의 행복을 누릴 수 있게 되었단다.

이처럼 인류는 참된 의미의 자유와 평화와 복지와 자아실현이 보장되는 삶을 살 수 있게 되었는데, 이렇게 된 근본적인 원인은 어디에 있을까? 그것은 과학기술의 발달에 있단다. 경제환경을 포함하여 삶의 기본적인 조건은 과학기술의 발달 정도에 따라 결정된다고 봐도 무방하거든. 즉 과학기술의 발달 정도가 낮으면 삶의 조건이 좋지 않고, 과학기술의 발달 정도가 고도화되면 삶의 조건이 좋아지지. 그런데 지금은 과학기술이 첨단, 곧 최고도까지 발달해서 삶의 조건도 좋아졌단다. 요즘 '첨단과학' '첨단기술'이란 말을 많이 쓰는데, '첨단尖端'이란 맨 끝부분을 말하는 것이란다. 따라서 첨단과학, 첨단기술이란 과학기술이 끝부분, 곧 최고도까지 발달했다는 것을 의미하지. 이처럼 과학기술이 최고도까지 발달하면 인간의 삶도 최고도까지 발달하게 된단다.

그런데 동빈아! 인간의 삶이 최고도까지 발달한다는 것은 무엇을 의미할까? 이는 인간이 누릴 수 있는 최고의 행복을 누리는 것을 의미한단다. 인간이 누릴 수 있는 최고의 행복은 어떤 삶을 의미할까? 여러 가지로 표현할 수 있겠지만 사회과학적으로 표현하면 참된 의미의 자유와 평화와 복지와 자아실현을 누리는 삶이라고 할 수 있단다. 이것은 곧 인간의 해방된 삶을 의미한단다. 나는 이런 인간해방의 삶을 누릴 수 있는 세상을 '자아실현의 인간해방세상'이라고 부르고자 한단다. 요컨대 과학기술의 발달에 따른 정보화와 세계화의 정보문명시대는 인간해방의 시대가 되리라는 것이다.

그런데 자아실현의 인간해방세상이라고 해서 '일하지 않아도 먹을 것이 있고 옷을 입지 않아도 부끄러워할 것이 없는' 에덴동산이나 무릉도원을 말하는 것은 아니란다. 에덴동산이나 무릉도원은 인간해방세상이 될 수 없단다. 여기에는 이미 모든 것이 갖추어져 있어 인간의 해방된 삶에 가장 필요한 자아실현의 삶, 곧 창조하고 생산하고 봉사할 것이 없으니 말이다.

인간이 해방된 삶을 살 수 있으려면 왜 창조하고 생산하고 봉사할 것이 있어야 할까? 인간의 해방된 삶은 자아실현의 보람과 기쁨을 누리는 데서 실현되기 때문이란다. 그러니 동빈이도 창조하고 생산하는 일 속에서 보람과 기쁨을 누리도록 해야 한단다.

일하기 싫어하는 것은 대단히 어리석은 생각이란다. 일할 것이 없으면 먹고 사는 문제와는 별개로 인간은 무료해서 견딜 수가 없거든. 일할 것이 있다는 것만큼 인간에게 소중한 것은 없지. 앞에서 정보화와 세계화는 '20 대 80의 사회' 내지 '노동의 종말' 시대가 되기 쉽다고 했는데, 이런 상태가 지속되면 사회가 붕괴하지 않을 수 없단다.

그래서 지금은 자아실현의 인간해방세상을 건설할 수 있는 절호의 기회인 동시에 절체절명의 위기이기도 하단다. 여기에 잘 대응하려면 정보문명시대에 맞는 새로운 이념과 정책을 강구해야 한단다.

Chapter 07

경제환경의 변화에 따라 경제의 의미는 어떻게 달라져야 할까?

　지금까지의 경제환경은 인간의 생활에 필요한 재화와 용역이 부족한 환경이었는데 이제는 그것이 충분한 것은 물론 너무 많아 어려움을 겪게 되는 환경이 조성되고 있다는 것을 앞에서 알아보았지? 그리고 지금까지의 경제는 한 마디로 부, 곧 재화와 용역을 얻거나 소비하는 것을 의미한다고 했었지. 좀더 경제학적으로 말하면 경제란 인간의 생활에 필요한 재화와 용역을 생산·유통·분배·소비하는 과정이지.

　그러면 앞으로는 경제가 어떤 의미를 지니게 될까? 앞으로도 경제는 재화와 용역을 생산·유통·분배·소비하는 과정이 되기는 하겠지만 부, 곧 재산을 얻거나 소비하기 위한 것이 아니라 자아실현을 위한 것이 될 거란다. 그러니까 경제활동의 목적이 부를 얻는 데 있는 것이 아니라 자아실현의 보람과 기쁨을 얻는 데 있게 되는 거지. 이처럼 경제의 개념이 이처럼 부에서 자아실현으로 바뀌어야 하는 것은 이것이 좋아서만

이 아니라 이렇게 하지 않으면 경제가 파탄나고 삶이 황폐화되기 때문이란다. 바로 이 점이 근본적으로 중요한 것이란다.

동빈아! 경제의 개념을 자아실현 중심으로 이해한다는 것은 대단히 어려운 일이란다. 그럼에도 불구하고 이런 입장에서 이 글을 쓰는 것은 경제의 개념을 이런 식으로 이해하고 이에 맞는 이념과 정책을 강구해야 오늘의 경제위기도 극복할 수 있고 또 우리 모두가 행복한 삶을 살 수 있기 때문이란다. 따라서 왜 문명이 전환하면 경제의 개념이 부 중심에서 자아실현 중심으로 바뀌는지 다시 한 번 설명해두고자 한다.

사람이 살아가는 데 있어 무엇이 부족했을 때는 그것을 채우는 것만으로도 상당한 정도의 보람과 기쁨을 얻을 수 있단다. 그래서 생활에 필요한 재화와 용역을 얻기 위해 열심히 경제활동을 하는 가운데 보람과 기쁨을 얻게 되지. 그러나 생활에 필요한 재화와 용역을 충분히 얻게 되면 재화와 용역을 더 많이 얻어봤자 보람과 기쁨을 얻을 수 없겠지. 따라서 이를 더 많이 얻기 위해 경제활동을 하는 일도 줄어들겠고. 그래서 사람들은 보람과 기쁨을 얻을 수 있는 자아실현이 가능한 일을 찾게 되는 거란다. 우리가 이처럼 자아실현의 보람과 기쁨을 위해 경제활동을 하는 것은 인간이 근본적으로 자아실현을 바라는 존재이기 때문이란다. 자아실현, 곧 자기가 하고 싶은 일을 하면서 그 속에서 보람과 기쁨을 누리는 것이야말로 인생 최고의 행복이니 말이다.

그래서 앞으로는 먹고살기 위해서 마지못해 일하는 것이 아니라 자아실현을 위해서 일하게 될 거란다. 즉 소득을 얻기 위해서 일하는 것이 아니라 자아실현을 위해서 일하게 되는 거지. 그러니 경제의 개념도 부 중심에서 자아실현 중심으로 바뀌는 거란다.

그런데 동빈아! 내가 이런 주장을 하면 많은 사람들은 너무 이상적인 주장일 뿐 현실적이지 못하다고 생각할 거야. 그러나 그렇지 않단다. 머지않아 이런 세상이 올 것이니 말이다. 그런데도 이것을 모르고 지난 시대의 사고방식대로 부를 더 얻는 것이 경제활동의 목표인 양 생각하고서 사회를 운영하고 삶을 영위하니 지금과 같은 경제위기를 맞는 거란다.

Chapter 08

경제환경이 바뀌면 경제학도 바뀌어야 하는 것 아닐까?

　동빈아! 앞에서 우리는 경제환경의 변화, 곧 정보화와 세계화에 의한 정보문명시대의 도래로 경제의 개념과 경제활동의 목적이 부에서 자아실현으로 바뀌어야 한다는 것을 알아보았지? 이처럼 경제의 개념과 경제활동의 목적이 바뀐다면 경제가 어떻게 작동하는지 그 원리를 연구하여 일정한 법칙과 대응책을 제시하는 경제학 또한 당연히 바뀌어야 하겠지. 즉 앞으로의 경제학은 '부의 경제학'이 아니라 '자아실현의 경제학'이 되어야 한단다.

　그런데 동빈아! 지금까지의 경제학은 부의 경제학이라고 했는데, 이것은 앞에서도 말했듯이 아담 스미스의 저서로 근대경제학의 기본 틀을 정립한 《국부론》의 제목이 '국민의 부의 본질과 원인에 관한 연구An Inquiry into the Nature and Causes of the Wealth of Nations'라고 한 데서도 확인되고 있구나. 그리고 아담 스미스 이후 지금까지의 경제학은 한결같이 아담 스미스가 경제학의 대상으로 설정한 부Wealth에서 벗어나지 못하고 있거든.

결국 근대 경제학자들의 경제학은 거의 대부분 어떻게 하면 부를 효율적으로 증대시키거나 부를 공정하게 분배할 것인가에 대한 이론일 뿐 어떻게 하면 경제활동이 자아실현의 과정이 되게 할 것인가에 대한 이론은 아니라는 점에서 부 중심의 경제학은 극복되어야 한단다. 물론 마르크스는 경제활동이 자아실현으로서의 노동해방과 인간해방의 과정이 되어야 한다는 문제의식을 가지고 사회주의를 제시했지만, 사회주의 이념이 노동해방과 인간해방을 실현할 수 있는 이념이 될 수 없음이 판명되었지. 그리고 사회주의 이념도 기본적으로는 부의 증대를 목표로 했던 것이란다. 사회주의가 태동하던 시대에는 부의 증대를 목표로 하는 것이 불가피했거든.

그런데 이들 경제학자들의 이론을 평가하려면 이들이 그 이론을 펼 때의 시대상황을 고려해야 한단다. 대부분의 사람들이 오늘의 시대상황에 기초해서 100년 내지 200년 전의 이론을 평가하는 경향이 있거든. 가령 지금의 상황에 그 이론이 맞지 않다고 해서 아담스미스의 경제이론이 틀렸다고 평가하는 것은 옳지 않단다. 마찬가지로 지금 정부 개입의 혼합경제가 옳다고 해서 지금부터 200년 전의 영국에서도 혼합경제를 채택했어야 한다고 판단해도 안 되지. 나중에 자세히 설명하겠지만 사회주의가 지금 옳지 못하다고 해서 마르크스의 사회주의 이론과 20세기 초 러시아에서 일어난 사회주의혁명이 잘못된 것이라고 판단해서는 안 된단다. 그 당시의 상황에서 그 이론이 적합했는지 아닌지를 따져

판단해야 한다는 거지.

그런데 《강대국의 흥망》의 저자로 유명한 미국 예일대의 폴 케네디 교수는 지난 3월 13일자 영국의 《파이낸셜타임스》에 기고한 '역사적인 4명의 경제학자는 자본주의의 운명을 어떻게 볼까'라는 글에서 자유주의자 아담 스미스와 사회주의자 칼 마르크스, 경기순환론자 슘페터, 혼합경제론자 케인즈가 현재의 경제위기에 대해 어떤 입장을 취할지를 밝혀놓았더구나. 그러나 이들 경제학자들로부터 교훈을 얻을 수는 있겠지만 이들의 이론이 지금의 경제위기를 극복하는 데 맞는지 안 맞는지를 따지는 것은 잘못된 것 같더구나. 물론 역사적으로 유명한 경제학자들이 오늘의 경제위기에 대해서 어떤 생각을 할지 추론해보는 것은 재미있는 일이지.

결국 오늘의 경제위기를 극복할 방안은 오늘 이 시대의 경제학자들이 내놓아야 한단다. 요즘 케인즈의 이론이 옳다고 주장하면서 '케인즈의 부활'을 말하는 사람이 많은데, 정부의 개입을 강조한 케인즈의 이론이 신자유주의, 곧 시장만능주의 풍조가 만연해 있는 현 시점에서 타당한 측면이 있기는 하지. 그러나 케인즈의 이론대로 해서 경제가 살아날 것이라고 생각한다면 엄청난 착각이 될 거야. 케인즈의 이론이 타당했던 시대와는 다른 시대상황이 도래했기 때문이지.

그런데 동빈아! 경제학이 부를 목표로 한 경제학에서 자아실현을 목표로 하는 경제학으로 바뀌어야 하는 것은 부보다 자아실현이 더 좋기 때문만은 아니란다. 자아실현을 목표로 하는 경제학이 아니면 오늘날 전 세계가 직면하고 있는 경제침체를 극복할 수 없기 때문이기도 하거든. 오늘의 경제위기를 극복하기 위해서는 자아실현의 경제정책을 채택해야 한다고 강조하는 이유가 여기에 있단다.

동빈아! 전 세계적으로 새로운 경제이론을 내놓은 경제학자들이 많이 있지만, 그 새로운 이론이란 것이 대체로 경제를 부, 곧 재산으로 보는 경제개념에서 벗어나지 못하고 있다는 점에서 부분적이고 기능적인 새 이론일 뿐 경제생활에 혁명적 변화를 가져올 만큼의 새 이론은 되지 못하고 있는 것 같구나. 그래서 전 세계적으로 금융대란이 일어나고 경제가 파탄지경으로 내몰려도 "100년 만에 처음 오는 대란" 운운하는 말이나 하고 있을 뿐이란다. "100년 만에 처음 오는 대란" 운운하는 말 자체가 지금의 경제위기의 원인에 대해 아무것도 모른다는 말이 아니고 무엇이겠니. 요컨대 지금은 경제기술자로서의 경제학자가 필요한 것이 아니라 경제혁명가로서의 경제사상가가 나와야 할 상황이란다.

동빈아! 케인즈가 1930년에 쓴 〈우리 손자 세대의 경제문제Economic Possibilities for our Grandchildren〉란 글에서 '세계경제는 지금부터 100년 후(2030년) 먹고사는 문제를 대부분 해결할 것이기 때문에 경제학자들은 그들이 하는 학문을 세상에서 가장 중요한 학문이라고 생각할 필요가 없으며, 따라서 먹고사는 문제보다는 좀더 중요한 문제를 생각하라'고 충고했더구나. 케인즈가 어떤 사람인지 아니? 케인즈는 1930년대 미국에서 발생한 대공황으로 자본주의 경제체제가 존폐의 위기에 놓였을 때《고용, 이자 및 화폐의 일반이론》이란 책을 통해 대공황을 극복할 수 있는 방안을 제시함으로써 자본주의를 구출한 경제학자로 평가받고 있단다. 흔히 수정자본주의 내지 혼합경제의 창시자로 알려져 있지. 케인즈는 대학교수, 관료, 정치인, 외교사절 등 다방면에 걸쳐 천재적인 능력을 발휘한 경제학자인 동시에 사상가요 경세가이기도 했는데, 자유방임의 원칙을 주장한 고전학파 경제이론에 반대하여 경제학의 혁명을 이룬 20세기 최고의 경제학자란다. 이런 사람이 위와 같은 말을 했으니 당연히 경청할 만한 가치가 있는 데다 그 내용으로 보더라도 굉장한 의미가 있어 보이는구나.

그러면 케인즈의 이 말은 어떤 뜻을 담고 있을까? 다소 자의적인 해석일 수 있겠으나 내 생각은 이렇단다. 생산력이 덜 발달하여 '먹고사는 문제'가 해결되기 전까지는 경제학이 주로 '먹고사는 문제'를 다루는 학문이었지만 생산력의 발전으로 '먹고사는 문제'가 해결된 이후에는 '먹고사는 문제'보다 더 중요한 문제를 다루는 학문이 되어야 한다는 거지. 그러면 '먹고사는 문제'보다 더 중요한 문제가 무엇일까? 내가 케인즈의 뜻을 정확히 아는 것은 아니지만, 인간의 삶에서 '먹고사는 문제'보다 더 중요한 문제라면 당연히 인간의 삶에 보다 더 본질적인 문제인 자유, 평화, 자아실현 등일 거야.

케인즈는 '먹고사는 문제'가 1930년부터 약 100년 후인 2030년경부터 해결되리라고 보았으나 그보다 약 20~30년 앞당겨 그런 시대가 도래했단다. 그러나 아직 먹고사는 문제를 해결하지 못한 저개발 국가들까지 고려한다면 케인즈가 예견했던 대로 2030년경부터는 '먹고사는 문제'가 해결되리라고 볼 수도 있을 것 같구나.

그러면 인간의 해방된 삶을 실현할 수 있는 시대, 곧 정보문명시대에 부응하려면 경제학이 어떤 방향으로 바뀌어야 할까?

'먹고사는 문제'보다 더 중요한 문제가 무엇일까? 내가
케인즈의 뜻을 정확히 아는 것은 아니지만, 인간의 삶에서
'먹고사는 문제'보다 더 중요한 문제라면 당연히 인간의 삶에
보다 더 본질적인 문제인 자유, 평화, 자아실현 등일 거야.

첫째, 지금까지의 경제학은 인간의 욕망을 충족시킬 수 있는 자원은 제한되어 있는데도 인간의 욕망은 무한하다는 것을 전제하고서, 자원을 효율적이고도 공평하게 배분하는 방안을 연구하는 학문이었단다. 그러나 산업의 정보화로 사회적 생산력이 비약적으로 발전한 지금은 자원이 부족해서 어려움을 겪기보다 너무 많아서 어려움을 겪는 시대가 되어 재화와 용역을 더 많이 얻기 위해 경제활동을 할 필요는 없게 되었고, 자아실현을 위해 경제활동을 할 수 있게 되었단다. 케인즈의 말대로 '먹고사는 문제'를 넘어서는 문제를 다루는 학문이 되어야 한다는 거지. 그래서 경제학도 어떻게 하면 인간이 경제활동에서 자아실현을 이룰 것인지를 연구해 그 방안을 제시하는 학문이 되어야 한단다.

둘째, 지금까지의 경제학은 부에 대한 인간의 욕망이 무한한 것이라고 전제한 데서 출발하고 있는데, 부에 대한 인간의 욕망이 무한했던 것은 인간의 생활에 필요한 재화와 용역이 부족하던 시대의 일이었단다. 지금처럼 인간의 생활에 필요한 재화와 용역이 충분하거나 너무 많은 시대에는 그렇지 않단다. 따라서 인간의 욕망이 무한한 것을 전제한 경제학은 수정되어야 한단다.

동빈아! 지금까지의 경제관념으로는 무엇을 더 많이 소비해야 더 많은 행복을 누리는 것처럼 이해되어왔으나 앞으로는 그렇지 않단다. 영국의 사회사상가 슈마허가 쓴《작은 것이 아름답다》는 책을 보니 '불교 경제학'이 소개되어 있더구나. 불교란 본래 '무소유'에서 해탈, 곧 진정한 자유를 얻는다는 것을 가르치는 종교지. 불교의 이상은 최소한의 소유와 소비로 최대한의 행복을 얻는 것인데, 이것은 곧 소유와 소비를 최소화해야 최대의 행복을 얻을 수 있음을 의미한단다.

그런데 동빈아! 불교는 왜 무소유를 강조할까? 무소유가 도덕적이기 때문일까? 모든 사람이 소유욕을 채우게 되면 자원이 고갈되고 환경이 파괴되며 인간과 집단 상호간의 갈등이 커지기 때문일까? 다른 사람을 위해서일까? 그런 것이 아니란다. 바로 자기 자신을 위해서란다. 자기가 해탈, 곧 진정한 자유를 얻어 해방된 삶으로 법열을 누리기 위해서는 무소유를 실천해야 한다는 거지. 욕망을 채운다고 행복해지는 것이 아니라 욕망을 버리는 데서 행복해진다는 것을 가르치는 것이 불교란다. 물론 불교에서 말하는 무소유는 '소유에 집착하지 말라'는 것이지 일체의 소유를 부정하라는 것은 아니란다.

그리고 인간의 욕망이 무한하다는 것은 인간은 본질적으로 이기적이라는 말과 같은데, 인간에게는 이기적인 측면이 없는 것은 아니지만 인간성 자체를 이기적이라고 규정하는 것은 인간의 성품에 대한 바른 이해가 아닐 거야. 성선설도 있고 성악설도 있어서 이 문제를 단정적으로 말하는 것은 적절치 못하지만 인간이 인간일 수 있는 것은 이기적이 아닐 수 있기 때문인데, 인간의 모든 경제행위를 이기적 욕망에서 나오는 것이라고 단정하는 것은 옳지 못한 거지.

또 인간의 욕망이 무한하다는 것을 고정불변으로 간주한다면 그것은 인간은 무지몽매한 존재라고 말하는 것이나 다름없을 거야. 심지어 동물보다 더 저급한 존재라는 뜻도 될 것이고 말이다.

앞에서 말한 아담 스미스는 《국부론》에서 "우리가 저녁식사를 기대할 수 있는 것은 정육업자, 양조업자, 제빵업자들의 자비심 때문이 아니라 그들의 개인이익 추구 때문이다. 사람은 누구나 생산물의 가치가 극대화되는 방향으로 자신의 자원을 활용하려고 노력한다. 그는 공익을 증진하려고 의도하지 않으며 또 얼마나 증대시킬 수 있는지 알지도 못한다. 그는 단지 자신의 안전과 이익을 위하여 행동할 뿐이다. 그러나 이렇게 행동하는 가운데 '보이지 않는 손'의 인도를 받아서 원래 의도하지 않았던 목표를 달성할 수 있게 된다. 이와 같이 사람들은 자신의 이익을 열심히 추구하는 가운데서 사회나 국가전체의 이익을 증대시킨다"고 말했단다. 무슨 말이냐면 인간의 이기심에 따른 경제활동이 결국은 사회 전체의 발전에 기여하게 된다는 것이지. 즉 아담 스미스는 경제활동의 동기를 인간의 이기심에서 찾았던 거란다. 모든 사람이 자신의 처지를 개선하기 위해 이기심에 따라 행동하면 이른바 '보이지 않는 손'에 의하여 모든 경제활동이 조정되고 개인도, 사회도 발전한다고 보았던 것이지.

그러나 앞에서 말했듯이 아담 스미스가 살았던 18세기의 영국에서는 인간의 이기심이 경제를 발전시키는 요인이 될 수 있었다 하더라도 지금은 그렇지 않다는 것을 알아야 한단다. 그리고 지금 자유주의 경제이론은 보수주의 경제이론이 되었단다. 그렇다고 아담 스미스의 자유주의 경제이론을 보수주의로 규정하거나 잘못된 경제이론이라고 비판해선 안 된단다. 18세기 영국에서 아담 스미스의 주장은 혁명적이었으니 말이다.

그래서 설사 지금까지의 인간은 이기적인 면이 지배적이었다 하더라도 그것은 인간의 삶에 필요한 재화와 용역이 부족했기 때문이라고 보아야 할 거야. 인간의 삶에 필요한 재화와 용역이 충분하거나 남아돌 때는 부에 대한 인간의 욕망이 무한할 필요가 없겠지. 지금까지의 경제학은 인간이 경제행위를 함에 있어 '합리적으로' 행동한다는 것을 전제로 재화와 용역을 더 가지려 하는 것을 정당화하고 있는데 이것 또한 바뀌어야 한단다. 인간이 진정으로 '합리적으로' 행동한다면 삶에 필요한 것 이상의 재화와 용역을 얻으려는 욕망을 갖지는 않아야 하기 때문이지. 그러니까 지난날은 경제행위를 함에 있어 자기에게 금전적으로 이익이 되는 방향으로 경제행위를 하는 것이 '합리적으로' 행동하는 것이었으나, 앞으로는 금전적인 이익이 아니라 자신의 삶 전체를 풍성하게 하는 방향으로 경제행위를 하는 것이 '합리적으로' 행동하는 것이 될 거야. '합리적'의 뜻이 바뀌는 거지. 시대상황의 변화에 따라서 말이다. 따라서 부에 대한 인간의 욕망이 무한한 것이라고 전제한 데서 출발한 경제학은 바뀌어야 한단다. 하지만 현실적으로는 부에 대한 욕망이 무한한 사람이 대부분이지. 그러나 이는 정보문명시대에 맞는 새로운 가치관과 인생관을 정립하지 못했기 때문이라고 봐야 할 거야. 앞으로 정보문명시대에 맞는 가치관과 인생관을 정립하게 되면 부에 대한 인간의 욕망은 결코 무한하지 않게 될 거란다.

그런데 경제학에 나오는 경제원리 가운데 '(한계)효용체감의 법칙'이란 것이 있단다. 일정한 기간 동안 소비되는 재화의 수량이 증가할수록 재화의 추가분에서 얻는 한계효용은 점점 줄어든다는 것이지. 이 법칙으로 보더라도 사람이 살아가는 데 필요한 재화와 용역이 점점 늘어나서 충분해지면 더 가지려 하는 욕망이 줄어들고, 마침내는 없어진다고 볼 수 있을 거야.

그래서 이제 인간의 욕망은 무한한 것이라고 전제할 것이 아니라 인간의 욕망은 일정한 수준까지는 증가하지만 일정한 수준을 넘으면 증가하지 않는다는 것을 전제한 경제학이 나와야 한단다. 그런데 인간의 욕망이 절제되려면 인간으로서의 기본적인 생활은 어떤 상황에서도 보장되는 사회보장제도가 확립되어 있어야 한단다. 자칫하다가 굶어죽을 수 있는 사회라면 욕망의 절제가 어려울 것이니 말이다.

셋째, 지금까지의 경제학은 '인간의 생활에 필요한 재화와 용역, 곧 자원이 희소하다'는 것을 전제해왔는데, 이제는 인간의 생활에 필요한 재화와 용역이 넘쳐나는 것을 전제한 경제학이 나와야 한단다. 인간의 욕망이 무한하지 않을 수 있다는 전제는 물론이고 말이다.

실제로 우리는 자원이 희소하지 않은 것을 실감할 때가 많단다. 가령 지난 가을에는 배추와 배가 남아돌아 정부가 가격안정을 위해 배추와 무를 구매하여 폐기처분한 일이 있지. 어찌 배추와 배에 한정된 일이겠니? 다른 자원도 마찬가지지.

넷째, 지금까지의 경제학은 '경제적 합리성', 곧 '인간은 경제적으로 가장 이익이 되는 쪽을 선택한다'는 것을 전제하고 있는데, 이것도 수정될 필요가 있단다. 경제학에서 말하는 '경제적 합리성'이란 '공짜 점심은 없다'는 것을 의미하는데, 공짜 점심도 있게 되었기 때문이다. 즉 '경제적 합리성'이 아니라 '인간적 합리성'에 따라 공짜 점심도 먹을 수 있는 경제행위가 이루어질 수 있다는 것을 전제한 경제학이 나와야 한다는 거야.

'경제적 합리성'이란 화폐단위로 표시될 수 있는 등가의 기회비용을 지불할 때만 어떤 소득을 얻을 수 있다는 것을 말하고, '인간적 합리성'이란 내가 지불한 기회비용과 같은 크기의 소득을 얻지 못하더라도 자아실현의 보람 때문에 경제행위를 할 수 있다는 것을 의미한단다. 우리 속담에 '말 한마디에 천 냥 빚도 갚는다'는 말이 있는데, 이런 경우의 빚 탕감행위도 분명히 합리적인 경제행위가 될 수 있단다. 남에게 공짜로 무엇을 해주는 일은 있을 수 없다는 것을 경제적 합리성이라고 보는 것은 잘못이란다. 인간은 다른 분야의 활동에서도 자아실현의 보람과 기쁨을 누리지만 특히 경제활동에서 자아실현의 보람과 기쁨을 가장 많이 누려야 하는데, '경제적 합리성'이라는 말로 경제활동의 자아실현성을 부정하고 있으니, 이런 경제학이 경제학으로 존속하는 한 비인간적인 사회가 될 수밖에 없을 거야.

다섯째, 지금까지의 경제학에서는 경제활동의 동기는 당연히 이윤이나 임금 등 경제적 소득이라고 전제하는 경향이 있었으나, 이제는 경제활동의 동기가 이윤이나 임금보다는 자아실현이 되는 경제학이 나와야 한단다. 정보문명시대에 제대로 대응하지 못해서 살기가 더 어려워져 이윤이나 임금이 경제활동의 동기가 되는 것은 비정상적인 상태로 보아야 할 거야.

여섯째, 지금까지의 경제학은 인간이 자연을 대상화하여 착취하거나 정복하는 것을 당연시하는 경제학이었으나, 앞으로의 경제학은 인간과 자연이 상생하는 것은 물론 인간의 삶이 자연의 순환 질서에 포함되도록 하는 경제학이 되어야 한단다. 굳이 이름을 붙인다면 '생태경제학’ 내지 ‘상생경제학’이라고 할 수 있을 것이다.

일곱째, 지금까지의 경제학이 법칙처럼 간주해온 많은 경제원리들이 더 이상 통용될 수 없다는 것을 직시해야 한단다.

몇 가지 예를 들면 각자가 자신의 이익을 위해 경제활동을 하면 ‘보이지 않는 손’의 인도에 의해 전체의 이익이 증대된다는 ‘자유주의 경제철학’, 상품의 가치는 그 상품의 생산에 투입된 노동시간의 양에 의해 결정된다는 ‘노동가치설’, 효율성과 형평성은 상충할 수밖에 없다는 견해, 성장과 분배는 상충한다는 견해, 국제무역은 무역 당사자 모두에게 이익을 가져다준다는 ‘비교우위이론’, GNP의 성장을 경제발전 내지 국민복지의 증대로 보는 ‘성장주의 경제관’ 그리고 거시경제지표로 경제상황을 판단하는 견해 등은 모두 수정되어야 한단다.

요컨대 지금까지의 경제학이 돈 중심의 경제학 내지 성장주의 경제학이었다면 앞으로의 경제학은 자아실현 중심의 경제학 내지 생태주의 경제학이 되어야 할 거야.

동빈아! 내가 경제학이 이런 방향으로 바뀌어야 한다고 주장하는 것은 경제를 이상화하고 싶어서가 아니라 이런 방향으로 경제학을 바꾸지 않으면 오늘의 경제위기를 극복할 방안을 알아낼 수 없을 뿐 아니라 인간의 해방된 삶을 실현할 수 없기 때문이란다. 이것은 오늘의 세계적 대변화를 문명의 전환으로 파악해야 전 세계가 직면하고 있는 경제위기의 원인과 해법을 알아낼 수 있다고 주장하는 것과 마찬가지란다. 이런 문제의식을 가지고 전 세계가 맞고 있는 경제침체의 원인과 해법을 알아보기로 하자.

Chapter 09

전 세계적인 경제침체의 근본원인은 무엇일까

　동빈아! 지금까지 경제환경의 변화에 따라 경제를 운용하는 이념과 정책이 바뀌어야 하는 것은 물론 경제의 개념과 경제활동의 목적도 바뀌어야 한다고 말하면서 경제가 부의 경제에서 자아실현의 경제로 바뀌지 않으면 경제가 어려워지는 것은 물론 사회가 붕괴하는 대재앙을 맞게 될 것이라고 설명했지. 지금부터는 그것을 구체적으로 확인하면서 어떻게 하면 경제위기를 극복하고 경제활동에서 자아실현을 이룰 수 있는지 밝혀보려고 한단다.

　2008년 9월부터 본격적으로 나타나기 시작한 미국 발 금융대란과 이에 뒤이은 세계적 경제침체의 직접적 원인은 미국에서 실시된 비우량 주택담보대출(서브프라임모기지론)이 부실채권이 된 것에다 이 부실채권이 파생상품으로 둔갑하여 이것이 또 부실화된 데 있는 것으로 파악되고 있단다. 무슨 말이냐면 미국의 은행들은 개인 신용도에 따라 대출여

부를 결정하는데, 신용도가 낮아 대출을 받을 수 없는 사람, 곧 비우량 신용도의 사람에게도 주택을 담보로 대출해주었단다. 그런데 이 사람들이 빚을 갚을 수 없게 되어 금융대란을 가져왔다는 거지.

주택 가격이 오를 것이라고 간주하여 사람들에게 주택 가격보다 더 많은 돈을 대출해주었는데, 주택 가격이 더 이상 오르지 않고 오히려 내려가자 대출을 받은 사람이 이자를 지불할 수 없어 그 주택을 포기하는 사태가 발생했다고 하는군. 어차피 신용이 나쁜 사람들이라 주택 가격이 은행대출금보다 낮으니 주택을 포기해버린 거지. 은행은 그 주택을 팔아봤자 대출금을 회수할 수 없는 데다 주택이 제때 팔리지 않아 부도가 난 거란다.

그런데 더 큰 문제는 은행이 주택을 담보로 대출해주고 확보한 채권으로 다른 투자회사의 금융상품, 곧 '파생금융상품'을 구입하고 돈을 받아썼는데 주택을 담보로 대출해주어 확보한 채권이 부도가 나니 파생금융상품을 판매한 투자회사들도 부도가 나게 된 거지. 은행이 주택담보채권으로 다른 투자회사에 투자한 파생금융상품이 얼마나 되는지 그 규모를 알기 어려울 정도란다. 미국 정부가 구제금융을 투입하려 해도 파생금융상품으로 부도가 난 돈의 규모를 계산조차 할 수 없다는구나. 이러한 금융대란은 미국의 3, 4, 5대 투자금융회사인 메릴린치, 베어스턴스, 리먼 브라더스의 파산을 가져왔을 뿐 아니라 미국 최대의 은행인 뱅크오브아메리카와 시티은행을 국유화한다는 말까지 나오게 했단다. 또 실물경제, 곧 기업과 가계에까지 영향을 미쳐 미국을 대표하는 기업인 자동차 3사(GM, 포드, 크라이슬러) 중 GM은 파산했고 크라이슬러

주택 가격이 오를 것이라고 간주하여 사람들에게
주택 가격보다 더 많은 돈을 대출해주었는데, 주택 가격이
더 이상 오르지 않고 오히려 내려가자 대출을 받은 사람이
이자를 지불할 수 없어 그 주택을 포기하는 사태가
발생했다고 하는군. 어차피 신용이 나쁜 사람들이라 주택
가격이 은행대출금보다 낮으니 주택을 포기해버린 거지.

는 이탈리아의 피아트사로 넘어갔다고 하는구나. 결국 기업들이 도산하거나 규모가 축소되니 대량실업이 발행하여 생존마저 영위하기 힘든 사람이 부지기수로 늘어나는 상황이란다.

그러면 어떻게 해서 이런 무모한 금융놀음이 공공연히 이루어질 수 있었을까? 무엇보다 주택 가격보다 더 많은 돈을 대출해주고 또 부실채권을 다른 투자회사에 투자할 수 있도록 미국 정부가 방치했기 때문이란다. 즉 금융규제가 부실했던 거지. 여기다가 미국 연방준비제도이사회가 이자율을 낮추어 미국 사회에 통화량이 크게 늘어나 주택 가격이 계속해서 상승한 것도 중요한 원인이 되었단다. 낮은 이자율로 대출을 받아 주택을 구입할 수 있도록 해주었으니 말이다. 결국 미국 정부의 정책적 뒷받침에 의해 금융대란이 준비되고 있었던 것이란다.

이러한 미국의 금융대란은 전 세계의 금융시장을 뒤흔들었단다. 미국에 금융대란이 일어나 미국의 '큰손'들이 해외에 투자해두었던 돈을 회수하게 되니 그 나라들의 주식시세가 폭락할 수밖에 없었고, 또 세계의 시장이 되어 있던 미국이 경제침체로 수입을 할 수 없게 되니 전 세계의 경제가 침체된 거란다.

동빈아! 왜 이런 어리석은 일이 진행되었을까? 돈 욕심 때문이란다. 물론 각국의 바보 같은 경제정책 때문이기도 하지만 말이다. 돈이 최고인 세상이 되다 보니 돈을 벌기 위해 온갖 편법을 동원하다가 마침내 이런 상황을 맞게 된 것이거든.

그런데 이런 세계적인 경제침체를 두고 '대공황'이 오고 있다고 보는 사람들이 많단다. 이런 견해는 주로 지금의 경제침체를 자본주의 경제에서 필연적으로 나타나는 경기순환에 따른 것이라고 보는 거지. 자본주의 경제는 회복기와 호황기, 불황기, 침체기를 주기적으로 반복하는데, 지금의 경제침체는 경기순환에 따른 불황이라는 거지. 그래서 U자형이니 W자형이니 V자형이니 또 L자형이니 하는 거란다. U자형은 침체가 장기화한 이후 회복된다는 의미이며, W자형은 경기가 특정 정책의 효과 등으로 일시 회복됐다가 다시 침체를 겪은 뒤 회복된다는 의미이고, V자형은 급격한 경기 하강 후 급속하게 경기가 회복되는 것을, L자형은 경기침체가 상당히 오랜 기간 지속되는 것을 의미한단다. 경기순환론에 의하면 10년 주기설, 30년 주기설, 50년 주기설 등이 있는데 경기순환론의 입장에서 보면 지금의 경기침체는 언젠가는 회복될 거라는 거지. 물론 극단적인 경기불황인 대공황에 접어들어 큰 어려움을 겪을 수도 있지만 말이다.

그러나 나는 지금의 경제위기가 자본주의 경제의 경기순환에 따른 경기불황이기보다 문명의 전환에 제대로 대응하지 못해서 맞고 있는 경제파탄이라고 본단다. 경기순환에 따른 경기불황이라면 언젠가 회복기가 오겠지만, 문명의 전환에 제대로 대처하지 못해서 맞는 경기침체라면 지금까지와는 근본적으로 다른 새로운 이념과 정책을 강구할 때만 회복되는 것이고 그렇지 않으면 경제파탄을 넘어 사회가 붕괴하게 되어 있단다.

지금 주가가 상당히 회복되고 부동산 거래가 늘어나며 수출도 활성화되는 등 경제가 회생하고 있는 것처럼 보이는데 이것은 부분적인 현상으로 봐야 할 거야. 지금은 경제가 돈 많은 사람들의 '재테크 경제'와 서민대중의 '생활경제'로 나뉘어 있단다. 재테크 경제는 정부가 구제금융 등으로 돈을 많이 풀어놓았으니 상당 기간 잘 돌아가겠지만 서민대중의 생활경제는 실업문제나 사회보장문제가 해결되지 않는 한 나아지기는커녕 앞으로 더 어려워지게 되어 있단다. 임시방편으로 돈을 풀어 경제를 회생시킨 것이라 근본적인 대책이 될 수 없음은 말할 것도 없고 임시방편으로 돈을 푼 데 따른 부작용으로 심각한 어려움을 겪게 될 거란다.

Chapter 10

미국경제는 왜 쇠퇴하고 있을까

　동빈아! 미국이란 나라는 여러 측면에서 막강한 나라란다. 우선 엄청난 자원을 가진 나라지. 석유, 석탄 등 지하자원은 말할 것도 없고 넓고 비옥한 평야까지 갖고 있단다. 여기다가 과학기술이 가장 발달한 나라지. 게다가 미국은 민주주의가 발달한 나라로서 국민의 정부감시 역량이 탁월하단다. 미국만큼 언론의 힘이 막강한 나라는 별로 없을 것이니 말이다. 그리고 다른 나라의 간섭이나 강압 때문에 미국이 하고 싶은 일을 하지 못하는 일이 없을 만큼 세계 최강의 군사력을 가진 나라지. 한마디로 경제가 발전할 수 있는 요소는 다 지니고 있단다.

　그런데도 미국경제가 쇠퇴하고 있으니 기이한 일이 아닐 수 없지. 앞에서 말했듯이 미국 굴지의 투자금융회사인 메릴린치, 리먼브러더스, 베어스턴스 등은 이미 파산했고, 미국 최대의 은행인 뱅크오브아메리카와 시티은행도 부도직전에 몰려 국유화해야 한다는 주장이 나올 정도거든. 무엇보다 미국의 자동차산업을 대표할 뿐 아니라 미국의 자존심이라고 불리어오던 제너럴 모터스가 그동안 구제금융으로 연명해오다가 마침내 파산했단다.

그런데 문제는 이런 도산을 구제하기 위해 엄청난 규모의 돈을 쏟아부어도 회생하지 못하는 데 있단다. 미국 정부는 지난해(2008년) 9월 금융기관에 대한 구제금융으로 7000억 달러를 투입했고 금년(2009년) 2월에는 7870억 달러의 경기부양법안을 통과시켰단다. 앞으로도 약 7조 달러 규모의 구제금융을 투입할 예정이라고 하는구나. 그런데 이렇게 해도 미국경제가 회생할 가망이 없다는 것이 문제란다. 무엇보다 미국의 생산설비 가동률이 약 65퍼센트밖에 안 되고 실업률이 올 연말까지는 10퍼센트가 넘을 것이라고 하는구나. 그래서 설사 일시적으로 경기가 회복된다 하더라도, 특히 재테크 영역의 경제가 회복된다 하더라도 근본적으로 경제가 회생할 가능성은 없다고 봐야 할 거야.

왜 이럴까? 이것은 미국이 지난날과는 근본적으로 다른 새로운 대책을 강구하지 못했기 때문이란다. '재테크 경제' 때문에 경제가 망하고 있는데도 '재테크 경제'를 불식할 생각을 하지 못하고 이를 계속하고 있으니 경제가 회생할 턱이 없지. '도박판 주식시장'과 '사기성 투자회사'들을 그대로 두고서는 경제가 회생할 수 없단다.

세계 최강의 미국경제가 파탄나는 것을 보고서도 구시대적 경제개념과 경제정책에 그대로 머물러 있어서는 안 되겠지. 기업의 이윤추구 자유만을 최대한 보장하는 신자유주의만 잘못된 것이 아니라 근본적으로 경제를 부, 곧 재산으로만 보는 '돈 위주의 경제'가 경제파탄의 근본적인 원인임을 알고 이를 극복해야 한단다.

앞에서 말한 것처럼 미국경제가 쇠퇴하는 근본적인 이유는 정보문명시대의 도래에 따라 자아실현의 경제로 전환해야 하는데도 '돈 위주의 경제', 곧 재테크 경제로 빠진 데 있지만, 그에 앞서 정보화와 세계화에 제대로 대처하지 못한 데도 중요한 원인이 있단다. 정보화는 대량실업과 소득양극화를 구조화하는 경향이 있으므로 이에 대처하기 위해서는 사회보장제도를 강화해야 하는데 미국은 사회보장비를 줄이는 신자유주의를 채택함으로써 이에 역행했단다. 그리고 세계화시대에 맞게 미국의 경제시스템도 바꿔야 했는데 그렇게 하지 못했단다. 오히려 미국 금융산업의 세계적 진출, 곧 금융산업의 세계화로 다른 나라의 경제를 어렵게 만들었지.

미국경제가 쇠퇴한 직접적인 원인은 자본과 상품과 지식과 정보와 노동력의 국제적 이동이 일상화하는 세계화에 제대로 대처하지 못했기 때문이란다. 미국의 임금과 물가가 다른 나라들에 비해 월등히 높아 공장을 지을 수 있는 자본은 다른 나라로 빠져나가고 소득을 올릴 수 있는 노동력은 다른 나라에서 미국으로 들어왔단다. 그리고 미국의 물가가 다른 나라에 비해 월등히 높다 보니 수출은 줄어들고 수입은 폭증해 미국의 산업이 공동화되었단다. 1960년대부터 1970~1980년대에는 일본, 1970년대부터는 한국, 타이완, 싱가포르, 홍콩, 1990년대부터는 중국 등 동남아국가들로부터 수입이 증가했단다.

그런데 동빈아! 미국경제가 쇠퇴하는 것은 잘못된 일 같지? 더욱이 미국경제의 쇠퇴로 세계 각국의 경제도 어렵게 되니 말이다. 그런데 사실은 잘된 일일 수 있단다. 이것은 부자 나라 미국에 대한 질투나 시기가 아니란다. 미국 같은 부자 나라의 경제가 쇠퇴하는 일 없이 계속해서 발전한다면 어떻게 가난한 나라들의 경제가 나아질 수 있겠니? 더욱이 자기들만 잘살려고 하는 나라인데 말이다. 그리고 미국경제의 쇠퇴가 잘된 일일 수 있는 것은 경제가 쇠퇴해야 지난날의 방식에서 근본적인 변화를 모색할 수 있기 때문이란다. 문제는 이 경제쇠퇴를 어떻게 전화위복의 계기로 삼느냐에 달려 있지.

Chapter 11

미국은 무능한 경제운용이 부끄럽지도 않을까

동빈아! 내가 앞에서 말했듯이 미국은 세계에서 자원이 가장 풍부하고 과학기술 또한 뛰어난 경제대국이란다. 그런데 자국의 경제를 잘못 운용해 전 세계 경제파탄의 주범이 되고 있으니 부끄러운 일 아니니? 미국은 연간 무역적자가 2000억 달러 내지 4000억 달러인 데다 재정적자 또한 연간 4000억 달러고 국가채무가 12조 달러라는구나. 특히 금년에는 재정적자가 1조 달러를 넘는다고 하는군. 미국의 1년간 국민총생산GNP이 14조 달러인 것에 비하면 국가채무가 너무 많은 거지.

그런데 동빈아! 정말로 한심한 것은 미국이 세계경제를 파탄시켜놓고서도 흥청망청 살아가고 있는 거란다. 미국은 정부가 발행하는 채권을 다른 나라에 팔아왔는데 그 액수가 10조 달러를 넘는단다. 미국의 국가 채권을 중국이 8000억 달러, 일본이 6000억 달러, 영국이 3500억 달러, 러시아가 900억 달러 그리고 한국이 약 300억 달러를 보유하고 있지. 세계 최대의 부자나라가 전 세계에서 빚을 내 살고 있는 거란다.

세계 제일의 경제대국이 전 세계로부터 빚을 내서 살아가고 있으니 부끄러운 일 아니니? 게다가 미국은 다른 나라들로부터 상품을 많이 수입하는 지위를 이용해 그 나라들에 금융산업과 문화서비스산업을 진출시켜 이를 왜곡시키거나 황폐화하면서 엄청난 이익을 얻고 있단다. 전 세계 인구의 5퍼센트밖에 안 되는 나라가 전 세계 소비의 25퍼센트 이상을 차지하고 있으니 어찌 부도덕하고 무책임한 나라라고 말하지 않을 수 있겠니?

그런데 동빈아! 미국이 다른 나라의 경제를 왜곡시키거나 파탄내는 일에 당사국들이 들러리를 서고 있는 것도 문제란다. 우리나라를 비롯해서 미국과 가까운 관계에 있는 나라 대부분이 그렇다고 볼 수 있단다. 미국은 제조업의 붕괴에 따라 연간 약 2000억 달러의 무역적자를 내고 있는데, 이를 만회하기 위해 다른 나라의 금융산업과 문화서비스산업에 침투하여 이 산업들을 왜곡·붕괴시키면서 엄청난 이익을 얻고 있지. 심지어 다른 나라의 금융산업을 장악하기 위해 금융위기(외환위기)가 초래되도록 공작을 하는가 하면 무역협상을 하면서 미국의 시장을 지렛대로 온갖 부당한 압력을 가하고 있단다. 1997년 한국의 IMF사태도 사실 미국의 이런 공작에 의해 초래되었다는 주장이 많단다. 설사 미국의 공작에 의해서 초래된 것이 아니라 하더라도 미국은 한국의 외환부족사태를 이용해서 한국의 금융산업을 장악한 것은 물론 온갖 경제적 수탈을 해왔단다. 우선 한국 주식시장에서 외국인 자본이 연간 약 600억 달러의 시세차익을 얻고 있는데 그 대부분이 미국의 것이란다.

그런데 동빈아! 정말로 한심한 것은 미국이 세계경제를
파탄시켜놓고서도 흥청망청 살아가고 있는 거란다.

이로 말미암아 한국의 중산층이 몰락하는 것은 물론 한국경제가 파탄 상태에 내몰리고 있단다. 물론 미국의 횡포에 놀아나는 한국의 무능이 더 큰 문제이긴 하지만 말이다.

미국이 문화서비스업, 예컨대 영화, 기술, 저작권, 의료, 법률, 교육 등을 외국에 수출해서 폭리를 취하는 것도 문제지만 상대국의 고유한 문화를 황폐화시키는 것이 더 큰 문제란다. 세계무역기구WTO가 있음에도 불구하고 굳이 자유무역협정FTA을 맺으려 하는 것도 상대국의 제조업 상품을 수입하는 대신 농업과 문화서비스산업의 진출을 보장받기 위한 것이란다.

그런데 동빈아! 국제무역에서 '비교역적 품목non-trade concerns'이라는 것이 있는데, 지금까지는 농업생산물을 지칭했단다. 농업생산물은 그 나라의 식량안보, 전통문화 보호, 국토의 균형발전, 환경보전 등에 중요한 영향을 미치기 때문에 일반상품과는 달리 교역, 곧 국제무역에서 제한할 수 있도록 하고 있지. 그런데 문화서비스산업, 곧 영화, 교육, 의료, 법률 등은 농업생산물보다 더 국가적·민족적 특성을 지닌 것이어서 자유무역이 용납되어서는 안 되는 것임에도 불구하고 미국은 이들 산업의 개방을 요구한단다. 이 개방에 응할 경우 문화서비스산업의 황폐화를 가져오는 것은 물론 대량실업도 불가피해지지. 이런데도 한미FTA를 체결해야 한국경제가 회생한다고 주장하는 사람들이 많으니 안타깝기 그지없구나.

이처럼 미국은 제조업의 붕괴에 따른 국가적 손실을 외국에 대한 경제수탈로 메우고 있는데, 이것은 외국에도 심각한 타격을 주는 것이지만 미국경제도 망치는 일이란다.

그런데 동빈아! 내가 미국을 이처럼 비판하고 있지만 미국이 대표적인 사례일 뿐이지 미국만 이런 상황에 놓여 있는 것이 아니란다. 정도의 차이는 있지만 선진공업국 대부분이 그런 상황에 놓여 있고 심지어 한국도 그런 경향을 띠고 있단다.

Chapter 12

미국은 경제쇠퇴에 어떻게 대처해야 할까

동빈아! 앞에서 미국경제가 파탄에 처한 직접적인 원인은 정보화와 세계화에 제대로 대처하지 못했기 때문이라고 말한 바 있지? 물론 근본적으로는 문명의 전환에 맞는 이념과 정책을 강구해야 하는데 그렇게 하지 못했기 때문이지만 말이다. 그리고 미국은 정보화와 세계화에 제대로 대처하지 못해 입은 손실을 금융산업(금융도박)과 문화서비스산업의 해외 진출로 만회했으나, 이것이 결국 미국경제를 파탄으로 내모는 원인이 되고 말았다는 것도 지적했었지.

그러면 미국은 정보화와 세계화에 어떻게 대처해야 할까? 제조업을 회생시킬 수 있는 경제환경을 조성해야 한단다. 미국은 1980년대로부터 자동차산업을 비롯한 제조업이 붕괴하는 사태를 맞았거든. 이러한 상황에서 1985년 레이건이 집권했는데, 레이건 정부는 이른바 신자유주의 정책인 인원감축과 세금 삭감, 이자율 인하 등의 방법으로 기업을 지원하여 한동안 기업이 회생하는 듯했지. 그러나 이것은 일시적인 대책일 뿐 근본적인 대책은 될 수 없었단다.

제조업의 붕괴를 극복하기 위해서는 무엇보다 의료비와 교육비, 노령연금 등을 국가가 부담하는 사회보장제도를 확립함으로써 임금과 물가를 내려 국가경쟁력을 확보해야 한단다. 이렇게 해야 일본이나 한국, 중국 등에 일방적으로 밀리지 않을 수 있기 때문이지. 사회보장제도를 통해 서민대중의 소득이 늘어나면 소비가 진작되어 생산이 늘고 고용이 발생한단다.

이런 식으로 대응했어야 할 가장 중요한 시기에 집권한 미국의 클린턴 대통령은 엉뚱한 방향으로 대응해서 오늘의 경제파탄을 예비하게 되었단다. 클린턴 대통령은 미국 재테크회사의 왕초격인 골드만삭스 투자금융회사의 회장을 지낸 루빈이란 사람을 재무장관으로 기용하여 미국을 재테크의 나라로 만들었거든. 그리고 미국 연방준비제도이사회(한국의 한국은행에 해당) 이사장으로 있던 그린스펀이 이자율을 계속해서 낮춰 미국경제가 재테크 경제가 될 수 있도록 뒷받침했지. 클린턴이 대통령에 취임하던 1993년에 3000 정도였던 다우존스지수가 1999년에는 11000까지 올랐는데, 이것은 전 세계에서 엄청난 돈이 미국으로 몰린 것을 의미한단다.

이러한 주식 거품에다 서브프라임모기기 사건에서와 같은 파생금융상품으로 인해 미국경제는 완전히 거품경제가 되었는데, 이 거품이 더 이상 늘어나거나 유지될 수 없게 되자 파탄에 내몰린 것이란다.

동빈아! 어떤 나라든 그 나라가 정상적으로 발전하려면 제조업과 농업이 건실해야 한단다. 미국의 농업은 원체 농토가 넓은 데다 영농의 과학화가 이루어져 있어 세계적인 경쟁력을 가지고 있단다. 그러나 제조업이 붕괴했으니 나라가 온전할 리가 없지. 영국이나 독일, 프랑스, 이탈리아, 네덜란드, 스웨덴 등 서유럽 국가들은 산업화가 일찍 이루어졌고 또 대외교역을 많이 하는 나라들이지만 지금도 농업국이라고 할 수 있을 만큼 농업이 중요 산업으로 자리 잡고 있단다. 1993년부터 시작된 우루과이라운드 협상 때 프랑스는 농업이 희생되지 않도록 끝까지 버티더구나.

이런 점에서 우리나라의 위정자들은 잘못된 생각을 하고 있단다. 박정희 정부 이래 모든 정부가 말로는 농업을 살린다고 했지만 사실상 농업을 포기했단다. 지금 우리나라의 식량자급률은 25퍼센트 정도인데 이래서는 온전한 나라라고 할 수 없단다. 식량자급률이 최소한 60퍼센트는 되어야 하지.

미국은 제조업을 회생시켜야 한단다. '부자는 망해도 3년은 버틴다'는 말이 있듯이 미국이라는 나라는 원체 자원이 풍부해서 좀처럼 망할 것 같지 않아 보이지만 망하려고 들면 순식간에 망하는 것이 세상의 이치란다. 올해의 재정적자가 무려 1조 달러를 넘을 것이라고 하고 미국을 대표하는 기업과 은행들이 줄줄이 파산하거나 파산 직전의 상태에 몰려 구제금융으로 연명하고 있으니, 미국경제는 이미 파산한 것이나 마찬가지지.

Chapter 13

오바마 정부는 경제를 회생시킬 수 있을까?

동빈아! 미국경제가 이렇게 어려운 때 '변화'의 기치를 내건 오바마가 미국의 대통령이 되었구나. 어머니는 미국사람이지만 아버지가 케냐 사람인 흑인이 백인 우월주의가 가시지 않은 미국 사회에서 대통령이 된 것은 기적과 같은 일로 미국의 자랑이자 인류의 경사가 아닐 수 없지. 오바마와 같은 경력의 사람이 대통령이 될 수 있는 나라는 아마 미국밖에 없으리라는 점에서 오바마의 대통령 당선은 미국의 위대성을 드러낸 것으로 볼 수도 있을 거야.

그런데 이처럼 '변화'를 기치로 내걸고 또 진실되고 확신에 차 있는 사람이 미국의 대통령이 되었으니 그가 미국경제를 회생시킬 수 있을까? 내 생각으로 오바마 정부는 외교나 사회복지 면에서는 이전 정권과 달리 좋은 정책을 강구할 것 같으나 미국경제를 회생시킬 수는 없을 것 같구나. 미국경제의 쇠퇴는 성장주의 경제, 재테크 경제의 한계에서 비롯되었는데 이를 극복하려면 사회보장제도의 확립으로 부 중심의 경제를 자아실현 중심의 경제로 바꾸어야 한단다. 그런데 오바마 대통령은 그런 인식을 하고 있지 않아 보이더군.

더욱이 오바마 대통령은 재무부장관, 국가경제위원회 위원장, 수석경제보좌관, 백악관 예산실장 등 경제와 관련된 고위관료 전부를 클린턴 정부 시절 재무부장관을 지낸 루빈과 친밀한 관계에 있던 사람들로 채웠는데, 이들은 미국경제를 거품경제로 만든 장본인이란다. 지금은 혁명적 대전환이 필요한데 구시대적인 정책을 답습하고 있으니 일시적으로는 경제가 회생할 수 있다 하더라도 근본적으로 경제가 회생하기는 어려울 거야.

Chapter 14

일본은 왜 장기불황에 빠져 있을까

정보화와 세계화의 정보문명시대의 도래에 제대로 대처하지 못한 것은 미국만이 아니라 일본도 마찬가지란다. 물론 전 세계가 마찬가지지만 말이다. 일본은 국내총생산GDP이 4조 3000억 달러로 미국 다음으로 경제력이 큰 나라지. 1989년 일본은 미국의 기념비적인 건물인 록펠러센터를 사들이면서 미국인들로부터 두려움과 존경의 대상이 되기도 했단다. 그런데도 일본은 1990년대 들어 '잃어버린 10년'이란 말이 나올 정도로 장기불황에 휩싸였단다. 도산하는 기업과 은행이 많은 것은 물론 실업률이 사상 최대인 5퍼센트에 육박했으니 어찌된 일일까?

그런데 일본은 경제만 어려운 것이 아니란다. 일본 사회 전체가 자신감을 잃고 무기력증에 빠져 있단다. 일본의 자살률은 OECD 국가 중 3위이고, 특히 청소년 자살률은 1위라고 하는구나. 자살률이 높은 나라가 어떻게 살기 좋은 나라일 수 있겠니. 최근 들어 경제가 어느 정도 회복되었는데 이것은 장기불황에 따른 반등일 뿐 근본적으로는 달라진 것이 별로 없단다. 1970년대는 물론 1980년대 후반까지만 하더라도 서구의 경제학자나 지식인 치고 일본을 칭송하지 않은 사람이 거의 없었단다. 21세기는 '일본의 세기Pax Japonica'가 될 것이라고 이구동성으로 말했지.

미국의 외교전문지인 《포린 폴리시》는 '웃음거리가 된 세기의 거짓말' 10가지를 소개하면서 '21세기가 되면 일본의 세기가 될 것이라고 한 것'도 그중의 하나라고 소개했다는군. 그런데 일본경제가 이처럼 장기불황에 휩싸여 있는데 일본이나 외국에서 일본경제의 장기불황을 그냥 쳐다보고만 있었을 리가 없지. 경기침체의 원인을 분석하는 것은 물론 경기회복을 위한 다양한 방안들을 내놓았단다. 그러나 그 어떤 분석도 맞지 않았으며 그 어떤 처방도 효과를 거두지 못했단다. 일본의 경제관료나 경제학자들만 모르는 것이 아니라 전 세계의 경제관료, 경제학자들도 잘 모르고 있는 거지. 한때 일본경제가 어려운 것은 동남아 경제가 어려워 동남아 국가들에 투자한 돈이 회수되지 않았기 때문이라는 분석도 있었고, 하시모토 정권 시절 소비세를 인상하여 국민의 가처분소득이 줄어듦으로써 내수가 줄어 일본경제가 불황에 빠졌다는 견해도 있었단다. 그러나 동남아 경제가 회복되어도 그리고 소비세가 인하되어 가처분소득이 늘어도 일본경제는 회복되지 않았지.

이처럼 일본이 10년 넘도록 장기불황에 휩싸여 있는데도 사람들은 그 원인조차 제대로 알아내지 못하고 있단다. 그토록 막강하던 일본경제가 성장률이 제로인 데다 제조업은 물론 보험회사나 은행들이 도산하게 되니 이를 극복하기 위한 노력이 광범위하게 진행되었음은 물론이란다. 우선 정치적으로 10년 동안에 수상이 12번이나 바뀔 만큼 격변이 심했지. 수상이 되고자 하는 사람은 누구나 자기가 수상이 되면 경제를 회복시키겠다고 약속했지만 이 약속을 지키지 못하고 수상직을 물러난 것이지.

정부가 경제침체를 극복하기 위한 가장 효과적인 수단은 이자율을 내리거나 재정을 투입하는 것인데, 일본의 경우 이자율을 0퍼센트까지 내리고, 경기부양을 위해 약 127조 엔의 재정을 투입했단다. 이것은 정부가 경기부양을 위해 쓸 수 있는 방안은 다 강구했다는 것을 의미한단다.

그러면 일본경제는 왜 장기불황에 빠졌을까? 일본경제가 어려움에 빠진 원인은 크게 두 가지란다. 하나는 정보문명시대의 도래로 더 이상 산업문명시대까지 통용되던 부, 곧 재산 위주의 경제로는 사회가 유지·발전되지 못함에고 불구하고 여전히 부 위주 경제의 관점에서 일본경제 침체의 원인과 해법을 찾아왔다는 데 있단다. 즉 부 위주 경제의 관점에서 경제성장률을 높이려 한다거나 국민소득을 높이려고 하니 원인도 해법도 알 수 없게 된 것이지.

일본이 장기불황에 휩싸인 또 하나의 이유는 정보화와 세계화에 제대로 대처하지 못했기 때문이란다. 일본은 그동안 전 세계가 일본의 시장이라 불릴 정도로 수출을 많이 해서 경제대국이 되었지. 그러나 과학기술의 발달로 세계화가 진척되면서 일본경제는 다른 나라들로부터 위협을 받게 되었단다. 특히 중국으로부터의 위협이 일본경제에 심각한 영향을 미쳤단다. 즉 저임금에 기반한 중국 제품이 세계시장에서 상당

부분 일본 제품을 밀어냈을 뿐 아니라 일본 내에서까지 일본 제품을 밀어냈거든. 일본의 기업이 고전하는 것은 물론 일본경제가 위기에 몰리지 않을 수 없었지.

이런 현상은 일본 이전에 미국에 먼저 나타났단다. 미국의 경우 한때 자동차를 필두로 전 세계 시장을 휩쓸었으나 많은 나라들이 산업화를 이루어 미국으로부터의 자동차 수입을 대폭 줄이고 거꾸로 미국 시장으로 진출했거든. 그래서 외국상품이 미국을 점령하게 되니 미국경제가 침체 상태에 빠질 수밖에 없었지. 영국, 프랑스, 독일 등도 비슷한 양상이란다.

그런데 이처럼 일본경제가 불황에 빠진 직접적인 원인이 중국인데도 이에 대한 지적이 거의 없는 것은 기이한 일이지. 이런 기이한 현상이 우리나라에도 그대로 나타나고 있단다. 우리나라도 지금 국내외 시장을 중국에 뺏겨 경제가 위기에 처했는데도 이에 대한 지적이 거의 없단다.

왜 이럴까? 이것은 일본이나 한국의 수출이 줄어지기는커녕 오히려 크게 늘어났기 때문이란다. 즉 수출이 줄지 않고 늘어나니 중국 제품에 밀려 수출이 잘 안 되는 부문이 있어도 이를 잘 모르고 넘어가는 거지. 수출이 늘어나는 것은 반도체, 철강, 자동차, 조선, 휴대전화 등 일부 제품뿐이고 나머지 제품의 수출은 어려워지고 있단다.

일본은 장기불황에 휩싸여 일본 국민들의 사기가 떨어지자 이시하라 신따로 동경도지사, 고이즈미 전 총리 같은 사람이 배타적 민족주의인 국수주의 내지 군국주의로 가야 한다고 주장해 일본 국민의 높은 지지를 받았단다. 그러나 이는 일본을 더 큰 어려움으로 빠뜨릴 뿐이란다.

그러면 일본은 어떻게 해야 할까? 어떻게 해야 일본경제를 회생시키면서 일본 사회의 무기력을 극복할 수 있을까?

일본이 경제불황과 심리적 공황상태에서 벗어나려면 지금까지의 돈 중심의 경제관에서 벗어나 새로운 세계관과 가치관을 정립해야 한단다. 국민소득이 3만 달러가 넘는 나라의 국민들이 인간다운 삶을 살 수 없다면 국민소득이 5만 달러, 10만 달러가 되어도 인간다운 삶을 살 수 없단다. 재산이 10억 원인 상태에서 행복할 수 없는 사람은 재산이 20억 원, 30억 원이 되어도 행복할 수 없는 것과 같은 이치지.

그래서 국민소득이 1만 달러 정도만 되어도 전 국민이 행복한 삶을 살 수 있는 사회를 만들어야 한단다. 이렇게 하기 위해서는 정보문명시대에 맞는 새로운 이념과 정책 그리고 이에 기초한 새로운 국가운영방안을 정립해야 하며, 아울러 국민 개개인도 지난 시기와는 근본적으로 다른 새로운 세계관과 가치관을 가지고 생활 속에서 실천해야 한단다. 이것이 우리가 일본이나 미국 등 선진공업국의 경제침체에서 배워야 할 역사적 교훈이란다.

Chapter 15

한국경제는 왜 위기에 처했을까

동빈아! 지금 우리나라 경제도 심각한 위기에 처해 있단다. 미국 발 금융대란 이후 더 심각했던 경제가 어느 정도 회복되어가고 있는 것처럼 보이지만 근본적으로는 달라진 것이 없단다. 한때 미국 발 금융대란 때문에 마치 우리나라 경제도 위기에 처한 것처럼 인식되는 경향이 있었으나, 그것은 전혀 사실이 아니지. 미국 발 금융대란으로부터 비롯된 전 세계적 경제파탄이 있기 전에도 이미 우리나라 경제는 심각한 위기에 처해 있었거든. 그런데 우리나라 경제는 왜 위기에 처했을까?

안타깝게도 한국경제가 왜 위기에 처했는지 그 원인을 확실히 알고 있는 사람은 없단다. 왜 모르는지 그 이유는 내가 앞에서 개략적으로나마 밝혔지. 여기서는 한국경제가 왜 위기에 처했는지 그리고 어떻게 하면 이 위기를 극복할 수 있는지 살펴보고자 한다.

한국경제가 위기에 처한 원인은 크게 보아 두 가지란다. 하나는 근본

자동화에 의한 노동인력의 대폭적인 감소는
노동생산성의 획기적 향상의 결과라는 점에서
역사의 큰 진전이지만, 대량실업을 가져올 수 있다는
점에서 사회적 재앙이 될 수 있지.

적인 원인으로 정보문명시대의 도래로 돈 위주의 경제에서 자아실현 위주의 경제로 바뀌어야 하는데 그렇게 하지 못했기 때문이고, 다른 하나는 경제위기의 직접적인 원인으로 정보화와 세계화에 제대로 대처하지 못했기 때문이란다. 근본적인 원인은 다른 곳에서 설명할 기회가 있으니까 여기서는 직접적인 원인을 살펴보려고 한다.

한국경제가 위기에 처한 첫 번째 원인은 정보문명시대의 도래로 인한 자동화에 제대로 대응하지 못했기 때문이란다. 즉 자동화로 인해 대량실업과 소득양극화, 곧 '20 대 80의 사회'가 도래했는데 이에 제대로 대처하지 못했단다. 내가 앞에서 언급한 것처럼 자동화가 이루어지면 노동인력이 감소하고 도산하는 기업이 폭발적으로 늘어나 대량실업과 소득양극화가 발생한단다. 자동화에 의한 노동인력의 대폭적인 감소는 노동생산성의 획기적 향상의 결과라는 점에서 역사의 큰 진전이지만, 대량실업을 가져올 수 있다는 점에서 사회적 재앙이 될 수 있지. 지금 우리사회가 실업 때문에 엄청난 고통을 겪고 있는 것은 일시적인 경기불황 때문이 아니라 정보문명시대의 도래로 말미암은 자동화의 필연적인 결과임을 알아야 한단다. 이처럼 '20 대 80의 사회'가 되면 빈곤층이 늘어나 소비가 줄어 경제가 침체된단다.

한국경제가 위기에 직면한 두 번째 중요한 원인은 세계화시대를 맞아 일국경제시대 때와는 다른 경제운용체제를 강구해야 하는데도 그렇게 하지 못했기 때문이란다. 즉 세계화시대를 맞아 다른 나라와 경쟁할 수밖에 없게 된 상황에서 경쟁상대국에 비해 임금과 물가가 월등히 높아 자본은 해외로 유출되고 노동력은 유입되며, 수출은 줄고 수입은 폭증한 것이 한국경제가 위기에 처한 가장 중요한 이유란다.

우리나라 경제에 가장 큰 영향을 미치는 중국의 임금과 물가에 비해 우리나라의 임금과 물가는 임금의 경우 약 3배 내지 20배, 물가의 경우 약 1.3배 내지 6배나 된단다. 공장을 지을 수 있는 자본은 낮은 임금을 찾아 중국 등으로 떠나고 노동력은 높은 임금을 찾아 해외에서 우리나라로 들어오니 한국경제에 심각한 타격이 되지 않을 수 없지. 지난 2006년까지 우리나라에서 중국으로 빠져나간 자본이 1만 4000여 개 기업에 120억 달러 정도가 된다고 하더군. 약 50만 명에게 일자리를 제공할 수 있는 규모지. 인천이나 구미 등에 있는 공장을 중국으로 옮긴 기업이 엄청나게 많고, 중국으로의 공장 이전 때문에 노사분규가 일어난 곳도 대단히 많지. 그런데 중국으로 옮겨간다고 해서 모두가 잘 되는 것도 아니란다. 최근 들어 중국의 임금과 물가가 올라가고 노사분규가 자주 발생하는 데다 세계적인 경기침체로 중국에서의 수출도 어려워지자 그동안 중국으로 빠져나갔던 기업들이 더 이상 중국에 머무를 수가 없어 철수하는 경우가 많은데, 이로 말미암아 엄청난 손실을 입고 있단다. 이것도 한국경제를 어렵게 하는 요인이 되고 있지.

중국이라는 나라는 원체 큰 나라인 데다 19세기와 21세기가 공존하고 있어서 한편에서는 틈새시장을 노릴 수도 있겠으나 기본적으로 우리나라 경제에 대단히 위협적인 나라로 보아야 할 거야. 그리고 우리나라에 들어와 있는 외국인 노동자가 약 40만 명 정도 되는데, 이것도 한국경제에 타격이 되고 있지. 중소기업 입장에서는 외국인 노동자가 없으면 기업의 존속마저 어렵다고 생각하겠지만, 우리나라의 실업자가(잠

재실업자까지 합하면) 약 500만 명이나 되는 상황에서 외국인 노동자가 이렇게나 많이 들어와 있는 것은 한국경제에 좋은 일일 수가 없지.

그런데 동빈아! 외국인 노동자 인권문제로 말이 많은 것 알고 있지? 외국인 노동자에 대한 폭행과 착취가 사회문제가 되는 경우가 있는데, 정말 부끄러운 일이란다. 그러나 외국인 노동자들이 왜 이렇게 많이 들어오는지 그리고 이렇게 많이 들어와도 되는지 따져보는 일도 있어야 하겠지. 한국경제에 타격이 되고 또 한국의 노동자에게 대단히 불리한 것임에도 불구하고 이에 대한 진지한 검토가 없는 것은 어리석은 일이 아닐 수 없거든. 결국 세계화시대에 맞는 경제운용체제를 구축하지 못함으로써 들어올 필요가 없는 외국인노동자들이 국내에 많이 들어와 실업자를 그만큼 늘리고 있는 것이란다.

다음으로 한국경제를 위기에 처하게 한 물가문제를 한번 보자. 우리나라의 물가는 경쟁상대국인 중국에 비해 1.3배 내지 6배나 높단다. 이러니 수출은 줄고 수입은 폭증할 수밖에 없지. 수출이 잘 안 되면 수출기업들이 문을 닫게 되고 수입이 폭증하면 국내시장이 중국 상품으로 채워져 한국 기업들에게 어려움이 되지. 이것이 한국경제에 치명적인 타격이 되고 있단다.

동빈아! 바로 이 문제, 곧 중국에 비해 물가가 1.3배 내지 6배가량 비싼 것이 한국경제를 위기로 몰아넣은 가장 중요한 요인인데도 이를 지적하는 경제전문가나 정치인이 거의 없단다. 앞에서 지적했듯이 몇몇 대기업 첨단제품들의 수출량이 사상 최대를 기록하니까 수출이 잘 안 되는 품목들을 간과해버리는 것이란다. 수출량과 무역흑자가 사상 최대라 하더라도 한국경제가 활성화될 수 있는 것은 아니란다.

그런데 흔히 수출과 관련하여 가격경쟁력으로 당해낼 수 없으니 기술혁신을 통해 품질경쟁력을 확보해야 한다고 주장하는 사람이 많단다. 그러나 지금은 품질경쟁력으로 수출경쟁력을 확보하기가 대단히 어렵단다. 중국과의 기술격차가 불과 2년도 안 되거니와 설사 새 기술을 개발한다 해도 곧 상대방에게 따라잡히는 세상이거든. 그만큼 기술모방이 쉬워지고 있단다. 그런데 첨단제품도 핵심부품의 국산화율은 40~70퍼센트 정도밖에 안 된다는구나. 더 큰 문제는 제품 가격이 중국에 비해 1.3배 내지 6배나 비싸다 보니 중국 상품이 높은 가격을 찾아 한국으로 밀려오고 있다는 거란다. 의류, 신발, 가방, 가전제품, 컴퓨터, MP3플레이어, 노트북 등 국내시장에 진열되어 있는 많은 제품이 중국산이거든. 국내 상표가 붙어 있더라도 OEM방식(주문자 상표 부착 생산, Original Equipment Manufacturer)이어서 제조처는 중국인 경우가 대부분이지. 이러니 국내공장들이 문을 닫는 거란다.

이처럼 경제위기의 최대 원인은 고임금과 고물가인데 이를 해결할 방안이 없을까? 임금과 물가를 동시에 내리면 되는 것 아니겠니? 그러면 임금과 물가를 동시에 인하할 방안이 있을까? 있단다. 의료비와 교육비를 국가가 부담하는 사회보장제도를 확립하면 임금과 물가를 동시에 내릴 수 있단다. 이에 대한 자세한 설명은 뒤에서 할게.

한국경제를 위기에 몰아넣은 세 번째 중요한 원인은 바로 외국자본의 과다유입에 따른 국부유출과 중산층의 몰락이란다. 자본의 국제적 이동이 일상화하는 세계화시대를 맞아 국가경제를 보호할 대책을 강구하고서 외국자본이 국내에 들어올 수 있게 해야 하는데 그렇게 하지 않은 상태에서 외국자본이 너무 많이 들어와 중요 기업은 물론 증권시장까지 장악하고 있단다. 이것이 한국경제를 위기에 몰아넣은 중요한 요인이란다.

우리나라의 주식시장에 들어와 있는 외국인 자본은 오랜 기간 2500억 달러 정도였단다. 주요 대기업 주식의 50퍼센트 이상을, 시가총액 기준으로 전체 상장기업 주식의 약 40퍼센트를 외국인이 소유하고 있었단다. 주요 기업의 외국인 지분율을 보면 시가총액 상위 50개 기업의 외국인 보유 주식 지분은 49퍼센트나 되며, 시가총액 상위 10대 기업의 외국인 지분 비중은 무려 평균 53.8퍼센트에 달한다고 한다. 특히 10대그룹은 외국인 보유 비중이 높아 44.4퍼센트나 된다고 하는군. 한국을 대표하다시피 하는 기업들이 외국인 자본에 장악되어 있으니 이 나라가 누구의 나라인지 알 수 없게 되었구나.

그런데 이들 외국인 자본이 주식에 투자하여 1년에 벌어들이는 시세 차익이 약 600억 달러 정도 된다는구나. 엄청난 돈인데 이 돈이 누구 돈이겠니. 우리나라 개인투자자들, 곧 중산층의 돈이지. 중산층이 월급을 받아 주식에 투지했다가 다 날리는 거지. 이것은 국부의 유출이라는 측면에서도 잘못된 것이지만 중산층의 소비를 대폭 줄여 나라경제를 어렵게 하는 요인이 되고 있다는 점에서도 잘못된 거란다.

동빈아! 이처럼 주식시장이 경제를 어렵게 할 뿐 아니라 나라를 망치고 있는데도 이를 시정하기는커녕 지적하는 사람조차 거의 없으니 어찌 한심한 일이 아니겠니.

Chapter 16
어떻게 해야 한국경제를 살릴 수 있을까

앞에서도 몇 차례 언급했듯이 오늘의 경제위기는 기본적으로 정보화와 세계화의 문명사적 대전환에 제대로 대응하지 못해서 생기는 문제이기 때문에 근본적으로는 문명의 전환, 곧 정보문명시대의 도래에 맞는 새로운 이념과 정책을 강구해야 해결할 수 있단다.

정보문명시대에 맞는 이념과 정책을 강구한다는 것은 근본적으로 부 중심의 경제에서 자아실현 중심의 경제로 바꾸는 것을 의미하는데, 이러한 관점에서 한국경제를 회생시킬 정책대안을 제시해보고자 한다.

오늘의 경제위기를 극복하는 데 있어 가장 중요한 정책은 사회보장제도의 확립이란다. 사회보장제도에 대해서는 뒤에서 자세히 검토하기로 하고 여기서는 필요한 범위에서만 간략히 언급하려고 한단다.

사회보장제도를 확립하여 서민의 소득을 보장하고 소비를 활발히 할 수 있게 해서 내수를 확대해야 한다

동빈아! 지금 경제가 어려운 중요한 원인은 '20 대 80의 사회' 현상에 제대로 대처하지 못했기 때문이란다. 대량실업에다 중소상공업의 도산으로 소득이 없는 사람이 엄청나게 많은데, 이들이 소비를 제대로 하지 못하니 공장이 정상적으로 돌아갈 수가 없어 경제가 어려워진 거지. '20 대 80의 사회'에서 20퍼센트의 부유한 국민이 80퍼센트의 가난한 국민에게 소득을 재분배해주지 않으면 80퍼센트의 국민이 소비를 할 수 없게 되고 이것은 내수의 침체를 가져온단다. 그래서 요즘 정부에서는 저소득층의 소비를 권장하기 위해 많은 돈을 투입하고 있단다. '20 대 80의 사회' 현상을 그대로 방치해두었다간 민심이 이반하여 정권을 유지하기가 어려울 것 같기 때문이지.

그런데 지금도 과소비가 문제인데 소비가 더 늘어나야 할까 하는 의문이 들 거야. 경제가 어려우니 오히려 절약해야 하는 것 아닐까 하는 생각도 들겠지. 그런데 그렇지 않단다. 경제란 순환하기 때문에 절약만이 능사는 아니란다. 미국 발 금융대란 이후 각국이 저소득층의 소비를 늘리려고 재정적자를 감수하면서까지 자금을 지원해 소비를 촉진하고 있는데 이것은 바로 이 때문이란다. 이 정책은 케인즈의 유효수요이론에서 나오는 것인데, 경기가 어려울 때는 정부가 돈을 풀어서 유효수요, 곧 실제로 구매력을 갖춘 수요를 늘려주는 정책이 필요하다는 거지.

우리나라의 경우 정부가 지난(2009년) 3월 소비쿠폰과 현금으로 모두 6조 3733억 원을 투입하는 '민생안정 긴급 지원대책'을 확정해서 발표했단다. 이에 따르면 실직으로 생계가 어려운 40만 가구(86만 명)의 저소득층을 공공근로에 참여케 해서 매월 83만 원을 6개월 동안 소비쿠폰과 현금으로 지급하고, 노인과 장애인 등 일할 능력이 없는 50만 가구(110만 명)에 대해서는 가구당 월평균 20만 원의 현금을 6개월 동안 지급하겠다는 거야. 정부는 6개월 동안만 그렇게 하겠다고 시한을 정했지만 6개월로 끝나지 않고 계속될 수밖에 없을 거란다. 일본, 중국, 미국, 독일 등 많은 나라들이 국민의 소비 증진을 위해 현금이나 쿠폰을 나누어주는데, 이것은 '20 대 80의 사회' 현상에 따른 불가피한 조치란다.

그런데 동빈아! 세계 각국은 왜 이런 조치를 취해야 하는지 그 역사적인 이유를 잘 모르고 있단다. 오직 케인스의 유효수요이론에 따라 경기를 부양하기 위해 이런 정책을 쓰고 있거든. 그런데 이것은 일시적인 경기침체기에 취하는 조치일 뿐이어서 경제를 근본적으로 회생시킬 수 있는 정책은 될 수 없단다. 그러니까 지금 전 세계가 겪고 있는 경제위기는 일시적인 경기침체가 아니라 정보사회의 도래에 따른 '20 대 80의 사회' 현상이 구조화함으로써 겪는 경기침체이기 때문에 사회보장제도의 확립을 통해 소득이 없는 사람들의 소득을 보장해서 그들로 하여금 소비를 할 수 있게 해야 한다는 거야. 그래서 사회보장제도의 확립은 저소득층의 인간다운 삶을 보장하는 데만 필요한 것이 아니라 경제를 지속적으로 발전시키는 데도 꼭 필요한 것이란다.

사회보장제도의 확립으로 임금과 물가를 내려 국가경쟁력을 강화해야 한다

앞에서 지적한 대로 한국경제를 어렵게 하는 가장 중요한 요인은 경쟁상대국인 중국이나 아시아 각국에 비해 임금과 물가가 월등하게 높다는 거란다. 이것을 고치지 않고는 경제가 활성화될 수 없단다. 물건을 생산해봤자 중국 상품에 밀려 수출이 안 되고 국내시장에서의 판매도 저조하니 물건을 생산하지 않게 되겠지.

그래서 그 어떤 것에 앞서 이 문제를 해결해야 한단다. 그 해결책은 의료비와 교육비를 국가가 부담하면서 임금과 물가를 낮추는 거란다. 의료비와 교육비를 국민 개개인이 부담하지 않아도 된다면 임금이 크게 낮아져도 상관없을 것이고, 임금이 낮아지면 물가도 낮아지겠지.

그런데 이와 관련해 많은 반론이 제기될 수 있단다. 무엇보다 임금을 낮출 수 있느냐 하는 거야. 사회보장제도가 확립되면 국가가 국민의 기본생활을 보장하는 데다 의료비와 교육비까지 국가가 부담하기 때문에 임금(소득)이 지금보다 낮아도 생활에 어려움을 겪지 않게 된단다. 그래서 사회보장제도와 더불어 임금체계도 조정해 임금을 지금보다 30퍼센트 이상 인하하면 물가 역시 20퍼센트 정도 내릴 수 있단다. 그렇게 되면 중국 등 외국으로 빠져나가는 자본과 외국에서 들어오는 노동력이 줄어들 거야. 그리고 물가가 20퍼센트 정도 떨어지면 중소기업제품의 수출경쟁력이 향상될 것이고 국내시장에서도 상당한 경쟁력을 확보할 수 있단다. 중국이 한국보다 임금과 물가가 낮다고는 하지만 임금수준이나 물가수준에 의해 모든 경제행위가 결정되지는 않거든. 그래서 임금이 30퍼센트 정도, 물가가 20퍼센트 정도만 내려가면 경제위기의 직접적 원인이 되는 자본유출과 노동력유입 및 수출부진, 수입폭증이 크게 완화될 수 있단다.

그런데 지금까지 중국의 임금과 물가가 한국에 비해 크게 낮았던 것은 중국의 국민소득이 낮기 때문이기도 하지만 의식주는 물론 의료와 교육을 국가가 책임지는 사회보장제도가 실시되어왔기 때문이란다. 그러나 중국이 오래 전부터 사회주의 경제체제에서 자본주의 경제체제로 전환함에 따라 최근 사회보장제도가 크게 약화되고 있단다. 따라서 앞으로는 상황이 크게 달라질 거야.

사회보장제도를 통한 임금인하로 비정규직을 없애야 한다

동빈아! 높은 임금 때문에 기업경영이 어려운 지금의 경제환경에서는 비정규직 고용이 불가피한 측면이 있단다. 심지어 중소기업의 경우 비정규직을 고용하지 않고는 기업을 유지할 수 없는 경우가 대부분이지.

그러나 비정규직 노동자들이 처우 문제로 말할 수 없는 고통을 겪고 있다는 점에서 그리고 비정규직문제로 말미암은 노사분규로 엄청난 규모의 경제적 손실이 일어난다는 점에서 비정규직문제는 빨리 해결되어야 한단다. 그리고 무엇보다 창의성과 근면성에 기반한 기술혁신과 품질개선이 기업의 사활을 결정하는 정보문명시대에 비정규직 노동자가 전체 노동자의 약 55퍼센트나 되니 경제활동이 정상적으로 이루어질 수가 없단다.

기업 인력수급의 자율을 보장해서 청년실업을 해소해야 한다

청년실업은 당사자에게만 고통을 주는 것이 아니라 국가경제에 엄청난 손실을 초래하고 있단다. 그래서 청년실업은 청년들을 위해서만이 아니라 국가경제의 정상적 발전을 위해서도 반드시 해결되어야 한단다. 어떻게 하면 청년실업을 해결할 수 있을까? 청년실업을 해결하기 위해서는 기업으로 하여금 정리해고와 신규채용을 자유로이 할 수 있게 해야 한단다. 지금은 기본적으로 고용인원을 늘리지 않는 데다 이미 취업하고 있는 노동자들이 노동조합을 중심으로 정리해고를 반대하고 있어 신규채용을 거의 할 수 없으니 청년실업자가 늘어가게 되거든. 따라서 기업이 신규채용을 자유로이 할 수 있게 해야 하는데, 이렇게 하기 위해서는 해고된 사람도 인간답게 살아갈 수 있는 사회보장제도가 확립되어야 한단다. 그래야 해고를 결사적으로 반대하는 일이 없을 것이니 말이다.

임금과 물가 인하를 통한 국가경쟁력 강화로 중소기업을 육성해야 한다

중소기업을 육성하기 위해서는 사회보장제도를 확립함으로써 임금과 물가를 내려 국가경쟁력을 강화하는 것이 무엇보다 필요하단다. 우리나라 중소기업은 대기업의 각종 횡포, 대기업 강성노조의 임금인상 요구에 따른 납품단가 인하압박 등으로 어려움을 겪고 있단다. 게다가 중국 등 경쟁상대국과의 가격 경쟁에서도 밀려 수출시장과 내수시장 모두를 빼앗기고 있지. 이것이 중소기업 몰락의 주된 이유란다. 따라서 가격경쟁력을 확보해야 한단다. 이를 위해서는 사회보장제도를 확립해서 물가와 임금이 동시에 내려가게 해야 하지.

노동자가 소유와 경영에 참여해 창의성과 근면성을 발휘하고 보람을 느끼도록 해야 한다

동빈아! 기업이 잘 되는 데 무엇이 가장 중요할까? 중요한 것이야 많겠지만 기본적으로 기업이 생산하는 제품의 품질이 뛰어나야겠지. 품질이 뛰어나려면 기술이 혁신되고 품질이 개선되어야 할 텐데, 어떻게 하면 기술이 혁신되고 품질이 개선될 수 있을까? 노동자들이 주인정신을 가지고 일하는 것이 무엇보다 중요할 거야. 왜냐하면 노동자들이 주인정신을 가지고 일을 해야 기술혁신과 품질개선에 절대적으로 요구되는 창의성과 근면성을 발휘할 수 있으니 말이다. 우리 속담에 '주인 한 사람이 머슴 열 사람 몫을 한다'는 말이 있단다. 기술혁신과 품질개선이 더 없이 중요한 정보문명시대에는 더욱더 노동자들이 주인정신을 가지고 일할 필요가 있지. 그렇게 해야 생산성이 향상될 수 있기 때문이지.

그러면 어떻게 해야 노동자들이 주인정신을 가지고 일할 수 있을까? 이것은 말로 되는 것이 아니라 실제로 노동자들이 기업의 주인이 되어야 한단다. 노동자들이 기업의 주인이 되기 위해서는 노동자들이 기업의 소유와 경영에 참여할 수 있어야 하지. 1970년대와 1980년대에 '사원을 가족처럼, 공장 일을 내 일처럼'이란 구호가 유행했는데 그런 구호만으로는 노동자들이 주인정신을 가지고 공장 일을 내 일처럼 할 수 없을 거야.

소유와 경영에 참여하는 정도는 철저하게 관계 법규와 노사협의에 따라야 한단다. 노동자만이 기업의 주인이 되게 하자는 것은 전혀 아니란다. 노동자들이 주식이나 자본금을 소유하고 있는 지분만큼 경영에 참여할 수 있게 하는 거야. 이를 위해서는 우리사주제도를 개선하여 노동자들이 해당기업 주식의 30퍼센트 정도까지 가질 수 있도록 하는 것이 좋을 것 같구나. 지금은 배정되어 있는 20퍼센트의 우리사주도 노동자들이 소유하지 못한 곳이 대부분이라서 노동자들이 우리사주를 소유하고 싶게 만드는 유인책이 있어야 한단다. 노동자들이 주인의식을 갖게 하기 위해 주식소유를 권장하는 것인 만큼 이익배당에 차등을 두는 등의 방법으로 우리사주를 매입하도록 해야 할 거야.

그런데 동빈아! 노동자들이 주식을 소유하게 하는 것은 주인정신을 가지고 창의성과 근면성을 발휘하여 기술혁신과 품질개선을 하게 하기 위한 것만은 아니란다. 이보다 더 큰 의미가 있단다. 그것은 곧 노동자들이 노동 속에서 보람과 기쁨을 누리게 하기 위한 것이란다. 주인정신을 가지고 노동을 해야 노동에서 보람과 기쁨을 누릴 수 있잖니. 지금까지는 보람과 기쁨을 얻기 위해 일하기보다 돈을 벌기 위해 마지못해 일했거든. 이른바 임금노동을 했던 거지. 그러나 정보문명시대의 도래로 이제는 자신의 이상과 의지를 실현하기 위해 노동을 할 수 있게 되었단다. 자아실현의 노동이 이루어지게 된 거지.

오늘 우리사회가 직면하고 있는 경제위기, 사회갈등, 국민불안 등의 문제를 해결하기 위해서도 인간해방의 관점에서 자아실현의 노동을 실현할 수 있는 정책을 구사해야 한단다. 인간해방에서 가장 중요한 자아실현의 노동, 곧 보람노동은 인간의 궁극적인 이상이기도 하지만 노동생산성의 향상은 물론 심지어 기업의 이윤을 극대화하기 위해서도 꼭 필요한 일이란다.

노동 속에서 보람을 느낄 수 있도록 경영혁신을 해야 한다

앞에서 설명한 대로 노동 속에서 보람과 기쁨을 누리는 것이 중요하단다. 이렇게 하기 위해서는 노동자가 소유와 경영에 참여하는 것에 더

해 노동자들이 스스로 결정권을 갖도록 하는 것이 필요하단다. 즉 권한의 하부이동과 협업체계가 필요하지.

노동자가 자기의 의지와 계획에 따라 일할 수 있기 위해서는 의사결정권을 사장이나 부장 등 상부에 둘 것이 아니라 사원에게 넘길 필요가 있는 거야. 노동자를 소유와 경영에 참여시킨다 하더라도 생산현장에서 노동자가 상급자의 지시만 따라야 한다면 주인정신을 가질 수가 없을 것이고, 그렇게 되면 창의성도 발휘할 수 없단다. 그래서 상급자가 가진 권한을 사원에게 대폭 이양해야 한단다. 그래야 명실상부하게 주인정신을 가질 수 있잖니.

외국자본이 한국경제를 좌우하는 일이 없게 해야 한다

내가 앞에서 한국경제가 쇠퇴하는 중요한 이유 가운데 하나가 외국자본이 한국의 주식시장에서 너무 많은 돈, 곧 시세차익을 얻어가기 때문이라고 지적했었지? 외국자본이 한국기업의 경영권을 장악해 단기적으로 더 많은 이익을 빼내갈 생각만 하고 기업의 장기적인 발전계획을 수립하지 않게 되니 한국경제가 치명적인 손실을 입는 거란다.

그래서 외국자본이 과도하게 들어오는 일이 없도록 해야 한단다. 이를 위해서는 우선 외국자본의 주식소유에 제한을 둘 필요가 있지. 국가기간산업, 예컨대 금융, 전기, 가스, 통신 등의 분야에서는 주식 소유량에 제한을 두어야 한단다. 특히 김대중 정부 때 외환부족사태를 해결하기 위해서는 외자가 유입될 수 있게 해야 한다는 이유로 한국의 자본시장을 과도하게 개방했는데, 그 결과 외국자본이 한국의 경제를 지배할 정도로 유입되었단다.

그러면 외국자본이 한국경제를 지배하지 못하도록 하기 위해서는 어떤 조치를 취해야 할까? 시세차익에 대해서는 적정한 세금을 부과해야 한단다. 지금 주식거래에 대해서는 0.3퍼센트의 증권거래세만 부과하고 소득세는 부과하지 않고 있는데 이는 잘못이란다. 주식투자를 활성화한다는 이유로 1퍼센트 이상의 주식거래에만 양도소득세를 부과하고 1퍼센트 미만의 주식거래에는 양도소득세를 부과하지 않고 있지. 그러다보니 외국자본이 1년에 약 600억 달러의 시세차익을 얻어도 세금은 증권거래세뿐이란다. 게다가 한국과 조세면제협약을 맺은 나라에 종이회사Paper Company를 차려 세금을 납부하지 않는 외국자본도 있단다. 이를 두고 외국자본을 유치하려다 보니 어쩔 수 없다고 생각해서는 안 된단다. 국내에서든 국외에서든 옳지 않은 일은 용납하지 않는 관행을 확립해야 한단다. 따라서 주식거래로 이익을 얻는 경우에도 세금을 부과해야 마땅하단다.

국제 간의 자본이동에 대해 세금을 부과하는 '토빈세'라는 것이 있는데, 국제 간의 자본이동이 세계경제의 발전을 위해 순기능을 한다면 부과하지 않을 수도 있지만 지금처럼 세계경제를 교란하는 역할을 할 때는 부과하는 것이 마땅할 거야.

소득세와 법인세, 상속세, 증여세의 누진율을 강화하고 세법을 단순화해야 한다

동빈아! 국가는 국민에게 세금을 부과하는데 이는 치안, 국방, 교육, 교통, 통신, 항만, 사회보장 등의 사업을 하기 위한 것이란다. 그러나 국민경제의 발전에도 도움이 되는 방향으로 세금의 종류와 세율 등 조세정책을 강구해야 한단다.

우리나라의 조세제도는 조세의 원칙, 곧 공평과세나 최소과세, 최소비용, 간편과세 등의 원칙에도 크게 위배되지만 시대추세를 반영하지 못하고 있다는 점에서 많은 문제를 안고 있단다. 세금과 관련한 부정이 많거니와 세금 때문에 장사를 할 수 없다는 사람이 부지기수니 국가의 세무행정이 얼마나 낙후되어 있는지 알 수 있지.

그럼 산업의 정보화로 대량실업과 소득양극화가 구조화하기 쉬운 정보문명시대에 부응하기 위해서는 조세제도가 어떠해야 하는지 알아보자.

지난날에는 소득의 격차가 그리 크지 않았지만 지금은 산업의 정보화와 더불어 '양극화'라는 말이 실감날 정도로 소득의 격차가 커졌단다. 따라서 소득세의 누진율을 획기적으로 강화할 필요가 있단다. 저소득층엔 세율을 크게 낮추고 고소득층엔 세율을 높여야 하는 거지. 이것은 부자들에게 부담을 주는 차원의 것이 아니라 시대적 요구란다. 세금을 많이 내면 누가 돈을 벌려 하겠냐고 반문하는 사람이 있을 거야. 그

지난날에는 소득의 격차가 그리 크지 않았지만
지금은 산업의 정보화와 더불어 '양극화'라는 말이
실감날 정도로 소득의 격차가 커졌단다. 따라서 소득세의
누진율을 획기적으로 강화할 필요가 있단다.

리고 세율을 높이면 외국자본이 국내로 들어오지 않는 것은 물론 국내 자본마저 국외로 빠져나갈 것이라고 우려하는 사람도 있을 거고. 그런 점이 전혀 없는 것은 아니지만 크게 걱정할 일은 아니란다. 왜냐하면 돈을 많이 벌었을 때 그런 정도의 세금을 내라는 것이니 말이다. 세금을 적게 내기 위해 돈을 적게 버는 사람은 없지 않겠니?

소득직접지불제 등 농업지원책을 강화해서 농업을 살려야 한다

동빈아! 농업에 대해 생각해본 일 있니? 옛날에는 농업밖에 몰랐다고 할 정도로 농업이 우리 모두에게 익숙했지만 지금은 남의 나라 이야기처럼 들릴 수도 있거든. 더욱이 농업에 대해서 잘 아는 사람조차도 농업은 이제 포기해야 할 산업으로 치부하는 경향이 강하단다. 공업을 발전시켜 수출을 많이 해서 농산물을 사먹으면 된다는 거지. 그렇게 하는 것이 경제적이라는 거야.

그러나 과연 그럴까? 전혀 그렇지 않단다. 앞에서 말한 바 있듯이 농업을 포기하고서는 국가가 존립할 수 없단다. 물론 시대에 따라 또 상황에 따라 다소 차이가 있겠지만 일반적으로 농업과 제조업이 쇠퇴하거나 이들 산업을 포기하고서는 온전한 나라가 될 수 없단다. 선진국들은 하나같이 농업국이라고 말할 만큼 농업을 중요 산업으로 육성하고 있거든.

　우리나라는 농업에 대한 지원책에 앞서 농업의 중요성에 대한 각별한 인식이 있어야 한단다. 농업은 국민의 먹거리만을 위해서 필요한 것이 아니라 환경보전, 민족문화의 전승, 수자원 보호, 국토의 균형발전, 실업의 해소 등을 위해서도 꼭 필요한 산업이란다. 그래서 농업에 다방면의 지원을 강화하여 식량자급률을 높임과 동시에 농업이 사회적 기능을 다할 수 있도록 해야 한단다.

　이를 위해서는 농축산물에 대한 소득직접지불제를 강화하고 농축산물생산시설을 사회간접자본화하여 국가가 공급하는 것이 가장 중요할 것이다. 지금은 식량자급률이 26퍼센트 정도밖에 안 된단다. 이것은 국가적 위기란다. 게다가 식량의 수입개방으로 농업은 전폐의 위기에 놓여 있지.

　많은 사람들은 무역이 자유화되는 WTO시대에는 경쟁력이 없는 한국의 농업은 몰락할 수밖에 없다고 보고 있단다. 경쟁력이 없다는 것도 잘못된 판단이지만, 설사 경쟁력이 없더라도 농업을 포기해서는 안 된단다. 흔히 경지면적이 넓고 완전히 기계화되어 있는 미국과 비교해서 경쟁력이 없다고 보는데 그런 판단은 잘못이란다. 미국의 경우 직접지불제에 의한 농업보조금이 농가소득의 48퍼센트에 이른단다. 가령 어떤 농가가 농산물을 100만 달러어치를 생산했으면 국가로부터 48만 달러를 지원받는다는 거지. 그래서 경쟁력이 있는 거란다. 서유럽의 프랑스, 독일, 네덜란드, 영국, 스위스 등은 농가소득의 약 50퍼센트 이상을 소득보상직접지불제로 보상하고 있단다. 스위스의 경우 2000년 기준으로 농가소득의 123퍼센트를 직접지불제에 의해 지원을 하더군. 이에 비해 우리나라는 어떨까? 우리나라는 2001년부터 논농사에 한해서 농업진흥지역은 헥타아르당 25만 원, 준농업진흥지역은 헥타아르당 20만 원씩 지급했고, 그것도 2헥타아르가 상한선이었다가 2002년에 조금 올라 헥타아르당 36만 원까지 지급하고 있단다. 다른 나라들은 1994년 우루과이라운드가 시작되고부터 직접지불제를 실시해서 농가에 농업보조금을 지원했는데도 말이다. 그러면서 엉뚱하게도 2003년부터는 농사를 짓지 않으면 보상을 하는 휴경보상제를 실시하여 1헥타아르당 300만 원의 휴경보상비를 지급해왔단다. 그런데 부작용이 심하다는 이유로 3년간만 실시하고 폐지했지. 식량자급률이 26퍼센트밖에 안 되는 나라에서 농사를 짓지 않으면 보상금을 지급한다니 얼마나 비정상적이니.

요컨대 미국이나 서유럽국가들은 농가소득의 약 50퍼센트를 소득보상직접지불제로 지원하는데 우리나라는 10퍼센트도 지원하지 않고서 경쟁력이 있느니 없느니 하고 있으니 한심한 일이 아닐 수 없지. WTO 규약에는 무역을 왜곡하는 가격보조정책을 채택하지 못하게 할 뿐이지 농업을 지원하는 정책을 무조건 금지하는 것은 아니란다. 친환경농업 직접지불제, 조건불리지역 직접지불제, 소득안정화지원 직접지불제 등 다양한 형태의 직접지불제와 농업관련 사회간접자본 건설지원 등 농업을 지원할 수 있는 제도적 장치들을 두고 있단다. 그래서 다른 나라들은 최소한 농업예산의 50퍼센트 가까운 돈(미국은 36.1퍼센트, 유럽연합은 69.6퍼센트)을 직접지불제에 투입하고 있단다. 그런데 우리나라는 농업예산의 6.7퍼센트만 직접지불제에 투입하고 있지.

동빈아! 많은 사람들이 농업을 포기할 수밖에 없다고 생각하는 것이 문제란다. 혹 농정관계자나 농업관련 학자가 농업을 포기할 수밖에 없다는 내용의 발언을 하면 그것이 신문에 대서특필되면서 용기 있는 발언을 했다고 칭송이 대단하단다. 어찌 한심하다고 말하지 않을 수 있겠니.

농민운동을 하는 사람들은 농산물 수입개방 때문에 한국농업이 황폐화된 것으로 생각하고 농산물 수입개방을 반대하는 경향이 있는데, 사실은 수입개방이 이루어지기 전에 한국농업은 황폐화되었단다. 즉 정부가 농업을 보호할 수 있는 정책을 강구했더라면 농산물 수입이 개방되더라도 농업이 이렇게나 황폐화되지는 않았을 거란다. 따라서 무원칙한 수입개방도 당연히 반대해야 하지만 정부로 하여금 농업보호정책을 강구하게 하는 일에 더 주력해야 할 거야. 농산물은 비교역NTC 품목이기 때문에 수입개방을 반대할 명분이 충분히 있는 거란다.

신재생에너지의 개발로 에너지의 자급률을 높여야 한다

동빈아! 우리나라 에너지의 자급률은 불과 3퍼센트에 불과하단다. 에너지가 없다면 자동차를 못타는 정도가 아니라 사회가 완전히 마비되는데도 그 에너지를 거의 전량 외국에 의존하고 있다는 것은 보통 심각한 문제가 아니지. 그런데 이에 대한 문제의식이 별로 없다면 이것은 에너지가 없는 것보다 더 심각한 문제 아니겠니? 국제 원유가격이 계속해서 상승한다면 이를 감당할 수 없어 우리사회가 마비될 거야.

따라서 태양열, 태양광, 풍력, 조력, 바이오매스, 소수력, 수소에너지 등을 이용해서 신재생에너지를 개발해야 한단다. 에너지의 자급률을 높이기 위해서뿐 아니라 공해를 줄이기 위해서도 그렇게 해야겠지.

문제는 신재생에너지를 개발할 수 있느냐 하는 것인데 우리나라는 신재생에너지를 개발할 수 있는 좋은 여건을 확보하고 있단다. 우선 일 년 중 맑은 날이 많아 태양열 에너지를 개발하기에 좋고, 삼면이 바다인 데다 계절풍지대라 풍력을 이용하기도 좋지. 그리고 서해안의 조수는 조력발전소를 건설하기에 좋은 조건이란다. 여기다가 수력발전소를 건설할 수 있는 조건도 확보하고 있단다. 그런데도 우리나라는 신재생에너지 개발을 등한시하고 있단다. 신재생에너지 개발을 위한 연구소는 많이 설립되어 있으나 형식적일 뿐이란다. 예산 책정을 보면 알 수 있는데, 신재생에너지 개발을 위해 연간 약 2000억 원 정도밖에 투입하지 않고 있단다. 연간 에너지 수입이 100조 원에 이르는 나라에서 그 1퍼센트도 안 되는 돈만 투입하고 있으니 신재생에너지를 개발할 의지가 있는지 의심스럽구나. 선진 각국은 신재생에너지가 에너지 수요의 5~12퍼센트 정도를 차지하고 있으나 우리나라는 1.4퍼센트에 불과하단다. 덴마크의 경우 4900개의 풍력터빈에서 전기소비량의 12퍼센트를 생산하고 있는데 2030년에는 50퍼센트까지 생산한다고 한단다.

에너지 개발 못지않게 에너지 절약체제도 구축해야 한단다. 에너지를 쓰지 않아도 될 곳에 쓰는 곳이 한둘이 아니거든. 우선 여름에는 겨울옷을 입고 겨울에는 여름옷을 입을 정도로 냉난방을 하는 경우가 많은데 이것은 반드시 고쳐야 한단다.

또 건물구조가 잘못되어 에너지를 낭비하는 곳도 많단다. 대형 건물 가운데 '통유리'로 외벽을 만들어 창문이 없는 곳이 있는데, 일 년 내내 실내온도를 조절하는 데 많은 에너지가 들겠지. 냉난방만이 아니라 환기까지 환풍기로 하고 있는데 4계절이 분명하고 통풍이 잘 되는 나라에서 창문하나 없이 통유리로 밀폐하는 것은 어리석기 짝이 없는 일이지. 이러한 건물구조가 일반화되어 있으니 한심한 일이 아닐 수 없구나.

국민이 새로운 가치관을 갖도록 해야 한다

동빈아! 내가 앞에서 인간이 행복하려면 경제활동에서 부, 곧 재산을 얻는 것만이 아니라 자아실현을 이루어야 한다고 말했지? 그리고 경제위기를 극복하기 위해서도 경제의 개념이 바뀌어야 한다고 밝혔고.

그런데 경제의 개념이 바뀌기 위해서는 국민의 가치관이 먼저 바뀌어야 한단다. 즉 소유, 지배, 착취, 소비에서 보람과 기쁨을 얻기보다 창조, 생산, 봉사, 절제에서 보람과 기쁨을 얻는 가치관을 정립해야 한단다.

인류 역사 이래 수많은 성현들이 이런 가치관의 정립을 주장해왔지. 석가나 예수는 말할 것도 없고, 사회철학자 에리히 프롬이 《소유냐 존재냐》라는 책에서 밝힌 것도 이런 거란다. 특히 독일의 기독교 사상가 에크하르트는 '많이 소유하면 소유할수록 진정으로 자기 것으로 할 수 있는 것은 더 적어진다The more we have, the less we own'고 했으며, 인도의 독립운동가 간디는 '문명의 본질은 욕망의 확대에 있는 것이 아니라 욕망을 의도적으로 버리는 데 있다'고 했단다. 이런 말들은 모두 소유에서 행복을 얻을 수 있는 것이 아니라 자아실현에서 행복을 얻을 수 있음을 설명한 것이라 할 수 있지.

지난날에는 창조, 생산, 봉사, 절제에서 보람과 기쁨을 얻는 가치관을 가지고 살지 않아도 사회가 유지되는 것은 물론 발전했으나 이제는 이런 가치관을 가지고 살지 않으면 사회를 유지할 수조차 없게 되었단다. 그러니 새로운 가치관의 정립이 얼마나 중요한지를 분명히 깨달아야 하겠구나.

경제위기를 극복하기 위해서는 올바른 정책을 강구하기도 해야 하지만 국민 개개인이 건전한 가치관을 가지고 올바른 삶을 살아야 한단다. 지금까지는 더 많이 소유하고 더 많이 소비하기 위해 남을 지배하고 착취하는 것을 당연시해왔지. 왜냐하면 더 많은 소유와 더 많은 소비에서 더 큰 기쁨을 얻을 수 있었기 때문이지. 그러나 더 많은 소유와 더 많은 소비에서 더 큰 기쁨을 얻을 수 있는 것이 아님을 알게 된다면 남을 지배하거나 착취하는 일을 하지 않게 되겠지. 그래서 이런 가치관은 사회를 위해서라기보다 자기 자신을 위해서 반드시 필요하단다.

세상이 아무리 풍요롭고 평화로워도 그리고 자기가 가진 것이 아무리 많아도 욕망이 끝이 없다면 결코 행복할 수 없단다. 그래서 인간이 진정으로 행복하기 위해서는 더 많이 소유하거나 더 많이 소비할 수 있는 능력보다 자아실현의 삶에서 행복할 수 있는 능력을 갖추는 것이 더 필요하단다.

민족경제의 자립 기반을 구축해야 한다

　동빈아! 경제라는 것은 한두 해의 문제이거나 10~20년의 문제가 아니란다. 몇 십 년, 나아가 몇 백 년 동안 우리나라가 경제적으로 안정될 수 있어야 국민이 안심하고 살 수 있거든. 이런 점에서 다른 나라와의 교류를 통해 우리의 부족한 면을 끊임없이 보충해가는 것도 필요하지만 기본적으로 다른 나라와의 교역이 잘 이루어지지 않더라도 경제가 원활하게 돌아갈 수 있는 자립기반을 구축해야 한단다. 이것은 다른 나라와의 교류가 어려움에 봉착할 것에 대한 대비이기도 하지만 우리 국민들이 더 많은 일자리를 가지고 자아실현의 삶을 살 수 있게 하기 위한 것이기도 하단다. 그래서 오늘의 시대적 조류인 세계화에 적극 부응하되 민족경제가 자립할 수 있도록 해야 한단다. 이를 위한 종합계획을 수립해야 하지.

　동빈아! 세계화는 많은 문제를 안고 있긴 하지만 세계화 자체를 배격해서는 안 될 거야. 왜냐하면 교통통신의 발달로 세계화는 불가피하니 말이다. 세계화에 부응하되 민족의 정체성을 잃거나 민족경제의 자립기반이 파괴당하는 일은 없어야 한단다. 특히 특정 강대국이 자국의 국가이익을 위해 다른 나라의 경제를 뒤흔드는 일을 하게 해서는 안 되지.

　그런데 민족경제의 자립기반을 구축하는 것은 외국의 횡포에 따른 경제위기를 맞지 않기 위해서도 필요하지만, 국민들이 창의성을 발휘하고 절제하는 삶을 살게 함으로써 보람과 기쁨을 얻을 수 있도록 하기 위해서도 필요하단다. 왜냐하면 민족경제의 자립기반을 구축하려면 제한된 자원을 최대한 활용해야 하는데 이렇게 하기 위해서는 창의성의 발휘와 절제하는 삶이 불가피하기 때문이지.

국민경제에 가장 요긴한 식량과 에너지의 자급률이 각각 26퍼센트와 3퍼센트여서는 결코 경제위기의 극복도 행복한 삶도 실현될 수 없단다. 식량자급률을 70퍼센트까지, 에너지 자급률을 50퍼센트까지는 높여야 할 거야.

민족경제의 자립이라고 해서 우리민족이 가진 자원만으로 살아가자는 것은 전혀 아니란다. 즉 자급자족경제autarky가 되어야 한다는 게 아니지. 세계 경제상황이 아무리 우리에게 불리해지더라도 우리나라가 경제적으로 위기에 직면하지 않을 수 있는 경제적 자원을 확보하고 있어야 한다는 의미란다. 그래서 국가발전목표가 '국민소득 3만 달러'니 'G5 진입'이니 '수출 5000억 달러'니 하는 게 되어서는 안 된단다. 그런 목표가 달성된다 하더라도 민족경제의 자립기반이 구축되어 있지 못하면 언제 사상누각처럼 될지 모르니 말이다.

그런데 민족경제의 자립기반 구축이 가능할까? 충분히 가능하단다. 지식과 기술이 발전했기 때문이지. 지난날은 국토의 크기나 부존자원이 절대적으로 중요했지만 지금은 국토 면적이나 부존자원은 그렇게 중요하지 않단다. 과학기술의 발달로 극소의 양으로 극대의 양을 만들어낼 수 있을 뿐 아니라 성질과 용도가 전혀 다른 새로운 물질을 생산해낼 수 있거든. 우리는 과학기술의 4개 부문, 즉 에너지, 신소재, 정보통

신, 생명공학 부문에서 뛰어난 기술을 확보하고 있어 민족경제의 자립 기반을 구축하기가 용이하단다.

그런데 자립경제를 달성하려면 경제가 딛고 서 있는 기반이 튼튼해야 한단다. 또 경제적 기반만이 아니라 교육, 문화, 예술, 도덕, 체육 등이 잘 되어 있어야 하지. 경제가 중요하다고 해서 경제만 쫓다 보면 역시 사상누각이 될 거야.

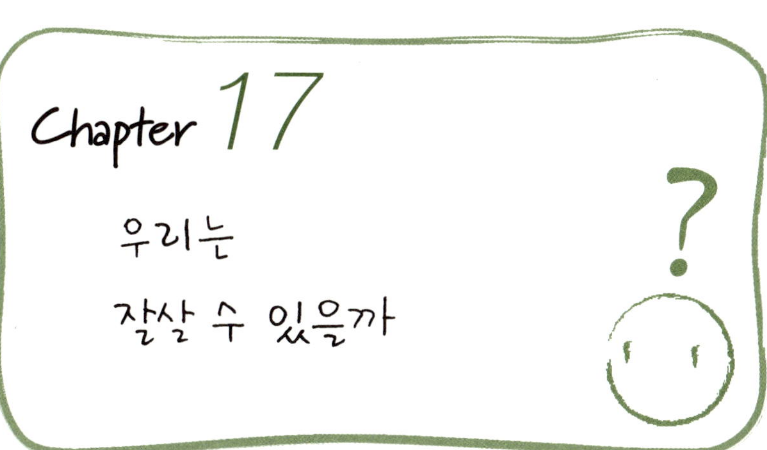

동빈아! 우리나라는 잘살 수 있을 것 같니? 많은 사람들은 좁은 국토에 인구는 많은데 부존자원은 빈약하니 잘살 수 없을 것이라고 생각한단다. 거기다가 국토가 분단되어 있고 미국, 일본, 중국, 러시아 등 4대강국 사이에 있어 지정학적으로도 잘살기 어려울 것으로 보기도 한단다.

그런데 과연 그럴까? 국토가 좁고, 부존자원이 빈약하고, 민족이 분단되어 있고, 지정학적 조건이 좋지 않아서 잘살 수 없을까? 그렇지 않단다. 오히려 좋은 조건을 갖추고 있단다. 왜 그럴까?

우선 우리나라는 좋은 자연조건을 갖추고 있단다. 대개 국토가 좁고 석유가 나오지 않는 것을 두고 자원이 빈약하다고 하는데 국토의 크기가 잘 사는 데 결정적으로 중요한 것도 아니고 석유만이 중요한 자원도 아니거든. 국토의 크기와 석유매장량이 중요하던 시대가 지나가고 있단다. 특히 지식, 기술, 정보가 생산의 원동력이 되는 정보문명시대가 되면서 국토의 크기나 부존자원의 양은 그 중요성이 줄어들고 있지. 오히려 우리나라와 같이 인간이 살아가기에 적합한 자연환경이 가장 중요한 부존자원이 될 수 있단다. 굳이 부존자원으로 따진다면 석유가 안 나올 뿐 그밖의 광물들은 풍부한 편이지. 무엇보다 한국에는 맑은 물, 밝은 햇볕, 깨끗한 공기가 충만해 있거니와 아름다운 산과 강은 이름 그대로 '삼천리금수강산'이지. 그리고 육지보다 더 많은 자원을 확보하고 있는 바다가 3면으로 둘러싸고 있어 국토의 크기가 작다는 말이 성립하기 어려울 정도란다. 한국의 봄 동산, 여름 바다, 가을 단풍은 중요한 자원이 아닐 수 없지. 엄청난 관광자원이 될 수 있으니 말이다. 굳이 돈을 벌기 위해서만이 아니라 우리나라가 가진 세계적인 자연자원을 세계인과 함께 향유할 수 있게 한다면 그들은 기쁨을 누릴 것이고 우리는 소득과 보람을 누릴 거야.

잘살고 못 살고는 국토의 크기나 부존자원에 달려 있지 않음을 우리는 잘 알아야 한단다. 세계에서 가장 살기 좋은 나라들에 속하는 스위스, 네덜란드, 노르웨이의 자연조건은 좋은 편이 아니거든. 스위스는 부존자원이 빈약한 데다 강대국으로 둘러싸여 언제나 전쟁의 통로가 될 수 있는 지정학적 조건에 처해 있지만 세계 최고의 정밀공업 국가가 되었고, 또 국제회의의 중심이 되어 평화와 번영을 누리고 있지. 그리고 네덜란드는 국토의 4분의 1 이상이 바다 수면보다 낮을 정도로 자연조건이 열악하단다. 노르웨이 또한 국토의 3분의 1 이상이 북극권이고 농경지는 3퍼센트밖에 안 된다고 하는군. 그런데도 이 나라들은 세계에서도 가장 모범적인 민주복지국가를 건설해서 잘살고 있지. 반면에 국토가 넓고 부존자원이 풍부한 브라질, 아르헨티나, 멕시코, 인도네시아 등은 만성적인 경제난에 허덕이고 있단다.

우리나라가 지정학적 조건이 좋지 않다고 생각하는 것은 잘못이란다. 오히려 지정학적, 지경학적 조건이 한국만큼 유리한 나라가 없을 거야. 세계 최대의 부국인 미국과 일본 그리고 시장의 보고인 중국과 러시아에 접해 있다는 사실은 우리에게 천혜의 조건이 아닐 수 없거든.

우리가 잘살 수 있다는 확신을 가져야 인생을 낙관적으로 살 수 있단다. 그리고 우리를 잘살 수 없게 하는 요인들이 무엇인지 알아낼 수도 있지. 별로 따져보지도 않고 우리나라는 부존자원이 빈약해서 또는 지정학적 조건이 좋지 않아서 잘살 수 없다고 생각해버린다면 결코 행복하게 살 수 없단다.

따라서 우리는 국민 모두가 행복하게 살 수 있는 좋은 조건을 확보하고 있음을 확신하고 우리 모두가 행복하게 살 수 있는 사회를 건설해야 하겠구나.

Chapter 18

한국경제에서 풀어야 할 과제들은 무엇일까

동빈아! 앞에서 한국경제가 왜 위기에 처했고, 어떻게 하면 이 위기를 극복할 수 있는지 알아보았지. 그러면서 중요한 문제에 대해서는 뒤에서 설명하기로 한 부분이 많이 있었는데 여기서는 그 부분을 검토해보기로 하자.

재테크는 필요악인가, 아니면 망국적 요인인가?

동빈아! 미국 발 금융대란으로 세계경제가 파탄으로 내몰리게 된 직접적인 원인은 미국의 '서브프라임모기지', 곧 비우량주택담보대출 때문이라고 했지? 신용이 낮은 사람이 은행 대출로 주택을 구입한 것도 재테크지만, 은행들이 이 대출로 발생한 채권으로 이른바 '파생금융상품'이란 것을 구입한 것도 모두 재테크지. 바로 이 재테크 때문에 미국의 투자은행들이 부도가 나면서 세계 경제가 파탄으로 내몰리게 되었거든. 결국 재테크가 경제파탄의 주범인 셈이지.

그런데 이런 재테크가 미국만이 아니라 전 세계에서 경제활동의 중요 부문으로 자리 잡고 있으니 세계경제가 혼란과 위기에 빠지지 않을 수 없게 된 거란다. 그러면 우리나라는 어떨까? 우리나라도 세계에서 둘째가라면 서러워할 정도로 재테크에 빠져 있단다. 여유자금이 생기면 은행에 예금을 해서 이자를 받거나 주식에 투자해 배당금을 받는 것이 정상인데, 요즘 그렇게 하는 사람은 바보로 취급받고 있단다. 즉 배당이 아닌 시세차익이나 폭리를 노리고 주식과 채권을 사거나 펀드에 가입하거든.

그런데 동빈아! 이처럼 횡재를 바라고 주식투자를 하거나 펀드에 투자하는 것은 사실상 도박일 수밖에 없단다. 국민경제에 도움이 안 되고 오히려 해악을 끼치니 말이다. 도박판에서는 돈을 따는 사람이 있으면 돈을 잃는 사람이 있을 수밖에 없지. 재테크도 마찬가지다. 돈을 버는 사람이 있으면 돈을 잃는 사람이 있게 돼 있지. 그래서 재테크는 '남의 돈 따먹기'란다. 물론 주식을 사거나 펀드에 투자하면 그 돈이 생산자금으로 투입되는 것으로 볼 수도 있지만 보통 경제적으로 순기능을 하기보다 역기능을 한단다.

앞에서 말했듯이 이러한 비정상적인 경제활동인 재테크가 오히려 경제의 주된 영역이 되고 있으니 경제가 제대로 돌아갈 턱이 없지. 그래서 재테크, 곧 도박이 경제의 주된 영역이 된 오늘의 자본주의를 '카지노 자본주의'라고도 하는데, 카지노 판에서 어떻게 경제가 발전할 수 있겠니?

재테크는 국민경제를 완전히 왜곡시켜 국민을 불안과 고통 속으로 몰아넣고 있단다. 집값이 폭등하는 것도 재테크 때문이며 주식시장에 투자했다가 가산을 탕진하는 사람이 많은 것도 재테크 때문이거든. 재테크는 경제적 손실만 가져오는 것이 아니라 인간성을 파괴하고 인간의 삶도 황폐화시킨단다.

그런데 동빈아! 이처럼 재테크는 국민경제적으로나 인간적으로 대단히 안 좋은 일인데도 불구하고 다들 재테크를 못해서 안달일 뿐 재테크의 반경제성과 반인간성을 지적하는 경우는 거의 없단다. 신문이나 방송은 온통 재테크 선전하기가 바쁘고 서점에는 재테크 책으로 충만해 있지. 그래서 대통령조차 '지금 주식을 사 놓으면 내년에는 돈을 벌 것'이라든가 '나도 펀드를 샀다'면서 주식투자와 펀드가입을 독려하고 있는 판이란다.

주식에 투자하거나 펀드에 가입해서 돈을 벌면 그것이 누구로부터 돈을 버는 것이겠니. 주식에 투자하거나 펀드에 가입해서 돈을 잃은 사람으로부터 돈을 버는 것이거든.

재테크가 얼마나 국민경제와 국민 개개인의 삶을 황폐화시키는지를 주식투자의 예를 들어 설명해볼게.

동빈아! 주식이 무엇인지 알지? 주식회사는 주식을 발행해서 그 돈으로 만든 회사란다. 주식은 주식회사를 구성하는 자본의 단위지. 이 주식은 증권시장에서 거래할 수 있단다. 이처럼 주식회사를 두고 있는 이유는 국민들이 갖고 있는 소액의 자금을 생산적인 자본으로 전환할 수 있게 하기 위한 것이란다. 주식회사는 국가경제를 위해 좋은 역할을 하기 때문에 국가의 보호를 받아 많은 혜택을 누리고 있고, 그에 따라 국가의 감독도 받는단다.

그런데 이런 제도가 지금 국가경제를 파탄으로 내모는 요인이 되고 있으니 안타까운 일이구나. 지금 우리나라 주식시장에서는 외국인들이 시세차익으로 1년에 약 600억 달러를 벌어가고 있단다. 특정한 해에만 그런게 아니라 매년 그렇단다.

동빈아! 외국인들이 우리나라에서 600억 달러(약 60조 원) 정도의 돈을 벌어가는데 그 돈은 누구의 돈일까? 우리의 돈이지. 즉 우리나라의 소액투자자들이 주식시장에서 잃은 돈이지. 그런데 어차피 돈 놓고 돈 먹기니까 외국인들이 돈을 벌수도 있고 또 내국인들이 돈을 벌수도 있는 것이라고 생각할 수 있을 거야. 그러나 그렇지 않단다. 외국인들은 돈을 벌게 되어 있고 내국인들은 돈을 잃게 되어 있거든. 주식시세를 외국인들이 결정하다시피 하기 때문이지. 외국인들이 주식을 많이 내다 팔면 주가가 내려가고 외국인들이 주식을 많이 사들이면 주가가 오른단다. 외국인들이 주식을 많이 살 것인지 아니면 많이 팔 것인지는 외국인들이 결정하니 주가가 오를 것인지 내릴 것인지도 외국인들이 먼저 알게 돼 있지. 그런데다 주식을 사고파는 양이 압도적으로 많단다.

대개 주가가 30퍼센트 정도 오르면 외국인 보유 주식은 55퍼센트 정도 오르고 내국인 소액 투자자들의 주식은 15퍼센트 정도 오른다고 하는구

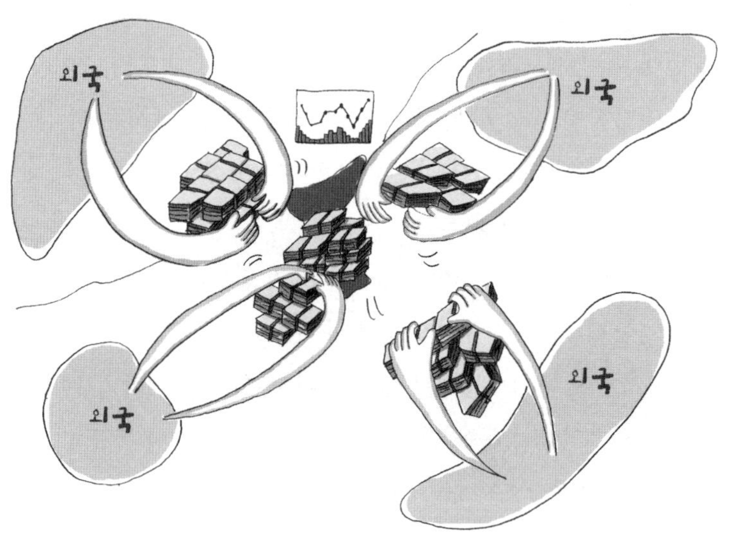

지금 우리나라 주식시장에서는 외국인들이
시세차익으로 1년에 약 600억 달러를 벌어가고 있단다.
특정한 해에만 그런게 아니라 매년 그렇단다.
동빈아! 외국인들이 우리나라에서 600억 달러(약 60조 원)
정도의 돈을 벌어가는데 그 돈은 누구의 돈일까?

나. 2008년 6월에 굿모닝신한증권이 제출한 보고서에 따르면 1992년 주식시장 개방 이후 외국인 투자자들의 연평균 수익률이 23.7퍼센트인데, 이것은 같은 기간 코스피지수의 등락률 12.07퍼센트에 비하면 11.63퍼센트의 초과 수익을 거둔 것이라고 하는군. 그러니까 주식시세가 오를 경우 외국인 투자자들은 평균 수익의 2배를 올린다는 거지.

동빈아! 이것이 한국경제를 위기로 몰아넣은 중요한 원인 가운데 하나란다. 1년에 외국인 투자자들이 벌어가는 돈은 주로 우리나라 중산층의 돈인데, 이렇게 주식에 투자했다가 낭패를 보니 중산층의 비율이 낮아지고 있는 거란다. 중산층이 월급을 받으면 그 돈으로 외식도 하고 가구도 사들이고 옷도 사 입어야 국내 소비가 늘어나 산업이 활성화될 텐데 주식시장에서 외국인 투자자들에게 다 털려버리니 국부가 유출될 뿐 아니라 국내소비도 위축시켜 국가경제를 어렵게 만드는 것이란다.

그런데 지금의 주식시장은 기업의 장기적인 발전을 크게 가로막고 있단다. 재테크 위주의 경제가 되다 보니 기업의 경영도 장기적인 발전을 도모하는 방향으로 나아가기보다 주가가 오르는 쪽으로만 신경쓰는데 이런 행태를 '주주 자본주의'라고 한단다. 즉 주주의 이익이 극대화되는 방향으로 기업을 경영하는 거지. 당연히 이렇게 하면 기업의 장기적인 발전이 어렵게 되지.

이와 관련해 영국의 《파이낸셜타임스》는 주주이익의 극대화를 맨 먼저 주창했던 잭 웰치(미국 제너럴 일렉트릭의 전 회장)가 '주주가치 극대화는 세계에서 가장 바보 같은 발상'이라고 말한 것을 인용하면서 '상품의 질을 개선하고 소비자들을 기쁘게 해야 기업도 발전하면서 주가도 상승하는 것인데, 주주이익 극대화를 위해 주가를 끌어올리는 방향으로만 기업을 경영하다보니 경제위기를 맞았다'고 지적했더군.

이처럼 주식시장은 나라를 망치는 요인이 되고 있는데도 이를 비판하는 사람이 없다시피 하니 놀랄 만한 일이 아닐 수 없구나. 학자나 언론인 등 경제전문가로 인식될 만한 사람들이 주식시장의 망국적 폐해를 지적하기보다 오히려 주식투자를 독려하는 말이나 하고 있거든. 특히 신문과 방송은 매일같이 '다우존스지수'와 '코스피지수'를 언급하면서 주식투자를 유도한단다.

그런데 동빈아! 사람들이 주식시세가 오르면 경제가 좋아지는 것으로 인식하고 주식시세가 내리면 경제가 나빠지는 것으로 인식하는 것도 문제란다. 과연 주식시세가 오르면 경제가 좋아지고 주식시세가 내리면 경제가 나빠질까? 그러한 측면이 전혀 없는 것은 아니지만 주식시세는 경제상황과 무관한 측면이 더 크단다. 미국에서 대공황이 발생했던 1929년도에도 미국 뉴욕 증시의 주가는 엄청나게 올랐단다. 그러다 하루사이에 주가가 13퍼센트까지 폭락하는 사태가 벌어지면서 대공황이 시작된 거지. 1933년에는 주가가 대공황 시작 전의 20퍼센트 밖에 안 되었다고 하는군.

지금도 금융대란 이후 주가가 폭락했다가 다시 오르고 있으나 주가가 오른다고 해서 경제가 회복되는 것은 아니란다. 더욱이 증권시장, 부동산시장, 고급백화점 등은 돈이 많은 사람들의 경제활동영역이기 때문에 경제의 전체적인 흐름과는 무관하게 활성화될 수 있단다. 특히 오늘의 경제위기는 정보문명시대의 도래에 제대로 대응하지 못해서 겪는 것인데도 이에 대한 대책이라곤 전혀 없는 도박판경제의 활성화를 보고서 경제가 회생하는 것처럼 생각하는 것은 더 큰 위기를 초래하는 것이나 다름없을 거야.

그런데 동빈아! 많은 사람들이 주식시세가 오르기를 바라지. 그러나 주식시세가 계속 오를 수 있을 것 같니? 일정한 기간은 오를 수 있겠지만 계속해서 오를 수는 없단다. 주가가 계속해서 오르면 주식시장에서 돈을 잃는 사람은 없고 돈을 버는 사람만 있을 텐데, 이렇게 되면 도박판이 성립할 수가 없지. 주식시세가 계속 오른다면 그에 따른 엄청난 부작용이 발생하겠지만, 무엇보다 그것은 대공황을 초래하게 되어 있단다.

그래서 주가, 곧 주식시세는 올랐다 내렸다 하게 되어 있지. 주가가 일정한 선에 머물러 있거나 아주 미세한 차이로만 올랐다 내렸다 해도 주식시장은 붕괴될 거야. 왜냐하면 주식시세가 고정되어 있거나 등락이 미미하다면 시세차익을 노리고 주식시장에 뛰어드는 사람이 없어질 것이니 말이다. 결국 주가가 큰 폭으로 오르락내리락 해야 주식시장이 존속할 수 있단다. 이것은 곧 도박판이 될 때만 주식시장이 존속할 수 있음을 의미하는 것 아니겠니?

본래 주식에 투자하는 것은 배당금, 곧 이윤을 바라서인데 지금은 이윤을 바라서 주식을 사는 사람이 거의 없는 편이지. 그리고 그런 사람들은 주식을 샀다 팔았다 할 필요가 없으니까 주식시장에 주식을 내놓을 일이 없고. 만약 이런 사람만 주식을 산다면 지금과 같은 투기성 주식시장은 없어질 거야.

그리고 로또, 경마, 경륜, 카지노 등 전 국민을 도박장으로 유인하는 시설이나 게임기가 전국에 널려 있단다. 돈 잃고 사람 망치며 국가경제까지 좀먹는 이런 도박이 왜 성행하고 있을까? 그 근본적인 이유는 경제의 목적이 자아실현에 있지 않고 돈에 있기 때문이지. 돈만이 행복의 원천이라고 생각하니 돈을 벌기 위해서는 수단과 방법을 가리지 않는 거지. '돈 경제'를 극복하고 '자아실현 경제'를 구현해야 할 이유가 바로 여기에 있단다.

그런데 로또가 옳다고 생각하는 사람도 별로 없지만 그렇다고 싫어하는 사람도 거의 없단다. 복권을 사는 사람이 무려 700만 명이나 된다는군. 한 게임에 약 4500만 매가 팔린다고 하니 1년에 약 2조 원의 돈이 로또 때문에 지출되는 셈이지. 누구 돈일까? 서민들 돈이란다. 부자들이 로또에 인생을 걸 턱이 없으니 말이다. 미국의 사회학자 데이비드 니버트는 복권을 '서민의 꿈에 매긴 세금'으로 규정하면서 '일확천금을 좇아 자신의 꿈을 저당 잡힌 인간탐욕의 발로'라고 비판했더군. 고스톱이나 마작 등은 사적인 도박이지만 로또, 경마, 경륜, 카지노 등은 정부가 허가를 내줘서 하는 공적인 도박이지. 그러니까 정부가 도박판을 개설해놓고서 국민들로 하여금 도박을 하게 하는 거란다.

동빈아! 앞에서 비정규직에 대해 설명을 했었지? 지난날에는 일용직과 임시직을 비정규직이라고 했는데, 요즘은 다양한 형태의 비정규직이 있단다. 기간제 고용인 계약직과 용역회사 등에서 파견된 파견직, 사내하청, 아웃소싱, 도급직 등이 있지. 기업 경영주들이 임금도 적게 주고 노동조합활동도 할 수 없게 하기 위해 온갖 편법을 동원해서 비정규직을 고용하고 있는 거지. 일용직이나 임시직과 같은 비정규직은 언제나 있게 마련이지만 우리가 문제로 삼는 것은 정규직을 채용해야 할 곳에 비정규직을 채용하는 것이란다.

왜 이처럼 온갖 편법으로 비정규직을 채용하는 일이 늘어나게 되었을까? 그 이유는 경쟁상대국인 중국 등 동남아국가들에 비해 임금이 너무 높기 때문이란다. 기업의 입장에서 볼 때 임금이 낮은 중국 등과 경쟁을 하려다 보니 임금을 낮추어야 하겠는데 정규직의 임금을 낮출 수 없으니까 임금을 적게 주고 언제라도 해고할 수 있는 비정규직을 채용하는 거란다. 비정규직 노동자들이 그런 조건으로는 취직하지 않겠다고 하면 되겠지만 현실적으로 불가능한 경우가 많지.

지금 비정규직 노동자들이 약 800만 명 가까이 되는데, 전체 노동자의 55퍼센트 정도란다. 같은 직장에서 같은 일을 해도 임금은 정규직 임금의 50퍼센트 내지 60퍼센트 밖에 못 받는 데다 언제 해고될지 모르는 신분상의 불안까지 느껴야 하니 비정규직이 겪는 서러움은 너무나 크지. 게다가 인간적인 수모까지 겪는 경우도 있단다.

이런 비정규직이 있어도 좋다고 생각할 사람은 아무도 없겠지. 그래서 당연히 비정규직은 없어져야 하는 거란다. 그래서 비정규직 차별 철폐 내지 비정규직의 정규직 전환을 요구하는 노동자들의 투쟁은 정당하단다. 이런 불합리한 일이 한두 해도 아니고 십년 넘게 지속되고 있다는 것은 우리사회의 수치 아니겠니?

그런데 동빈아! 비정규직을 없애면 기업이 망한다고 주장하면서 비정규직을 없앨 수 없다는 기업 경영주의 주장은 잘못일까? 지금과 같은 경제환경에서 비정규직을 없앨 경우 기업의 문을 닫아야 할 곳이 많은데 기업의 문을 닫을지언정 비정규직은 채용하지 말아야 할까? 기업이 문을 닫으면 정규직도 일을 할 수 없게 될 텐데 그래도 될까? 기업 경영주들이 엄청난 폭리를 취하면서 비정규직을 고용한다면 기업경영주들의 그런 주장이 잘못된 것이지만, 기업 경영주가 폭리를 취하기는커녕 비정규직을 고용하고서도 기업을 겨우 운영하고 있다면 그들을 비난만 할 수는 없을 거야.

그래서 비정규직을 없애라고 주장하는 노동자들의 요구도 정당하고, 현재와 같은 경제환경에서 비정규직을 없앨 수 없다는 기업경영주의 주장도 설득력이 있지. 그래서 비정규직을 없애라는 투쟁과 비정규직을 없앨 수 없다는 방어가 맞서고 있는 거란다. 이러한 소모적인 투쟁은 한국경제를 어렵게 하는 중요한 요인이 되고 있지.

왜 이런 현상이 생길까? 앞에서도 말했듯이 비정규직을 채용할 수밖에 없는 경제환경 때문이란다. 우리나라와 비교해서 상대적으로 임금이 낮은 중국 등과 경쟁을 하려다보니 노동자의 임금을 낮추어야 하는데, 정규직의 임금을 낮출 수 없으니 낮은 임금으로 비정규직을 고용하는 것이거든. 결국 임금을 파격적으로 낮추는 '임금파괴' 현상이 생기게 되는데, 그 희생자가 비정규직인 거지.

그렇다면 어떻게 해야 할까? 비정규직을 채용하지 않고 정규직만으로도 기업을 경영할 수 있는 경제환경을 만들어야 하겠지. 그리고 이렇게 하기 위해서는 임금이 전반적으로 인하될 수 있도록 사회보장제도가 실시되어야 하고. 앞에서 말했듯이 의료비와 교육비를 국가가 부담하는 사회보장제도를 실시하면 임금을 인하할 수 있단다. 물론 의료비와 교육비뿐 아니라 노령연금, 장애수당 등도 당연히 국가가 지급해야지. 이렇게 되면 임금을 약 30퍼센트, 물가는 20퍼센트 정도 낮출 수 있을 거야.

동빈아! 이처럼 비정규직이 발생하는 것은 경제환경 때문인데도 경제환경을 바꿀 생각은 하지 않고 비정규직 차별 철폐만 요구하거나 비정규직 고용의 불가피성만을 주장하고 있으니 소모적인 투쟁만 지속되는 거란다.

지난 2000년대 중반부터 정부가 비정규직 문제의 해결에 나서서 2007년 7월부터 '비정규직 보호법'이란 것을 만들어 실시하고 있는데, 비정규직 노동자들이 비정규직 보호법 때문에 더 큰 피해를 입게 되었다면서 비정규직 보호법 폐지를 요구하고 있단다. 그리고 지금은 비정규직 보호법에 따라 2년이 경과한 비정규직 노동자에 대해서는 정규직으로 전환해줄 것을 요구하고 있지. 정부에서는 비정규직 보호법을 개정해 2년 경과규정을 4년으로 늘리거나 아예 기한을 정하지 않으려 하다가 2년의 기한 만기일인 2009년 7월 1일이 경과하자 온갖 혼란에 휩싸였단다. 야당인 민주당의 경우 현행법대로 시행하면서 비정규직을 정규직으로 전환할 수 있도록 정부에서 자금을 지원하라고 요구하고 있는데, 이것은 현실적으로 불가능한 일이지. 만약 이렇게 한다면 모든 기업이 비정규직을 정규직으로 전환한다며 정부의 지원을 받으려 할 테니 말이다.

요컨대 지금 정부와 정치권이 논의하는 방안으로는 비정규직 문제가 해결될 수 없단다. 결국 문명전환의 관점에서 정규직의 임금을 낮출 수 있는 경제환경을 조성할 때만 비정규직 문제를 해결할 수 있는 거란다.

청년실업 문제, 어떻게 해야 해결할 수 있을까?

동빈아! 요즘 청년들이 취직하기 힘들다는 것 잘 알고 있지? 그래서 20대의 태반이 백수라는 '이태백'으로부터 시작하여 '이구백'(20대 90퍼센트가 백수) '십장생'(10대도 장차 백수가 되리라) '나 홀로 서울족'(지방에서 상경해서 서울에서 자취하는 구직자) '청백전'(청년백수 전성시대) 등 청년실업을 풍자하는 신조어가 많이 등장했단다. 청년실업이 얼마나 심각한지 잘 말해주고 있지.

이런 풍자가 결코 과장된 것이 아니란다. 청년실업에 관한 통계가 이를 말해주거든. 공식 통계상의 청년층(15~29세) 실업률은 7~8퍼센트지만 실질적인 청년층 실업률은 20퍼센트를 넘는다고 하는구나. 1주일에 한 시간만 유급노동을 해도 실업자로 분류되지 않는 점이나 근로조건이 열악할 뿐 아니라 언제 해고될 지 모르는 비정규직이 태반을 넘는 점을 고려하면, 20대의 태반이 백수라는 '이태백'과 청년백수 전성시대라는 '청백전'은 청년실업의 실상을 정확히 반영하고 있다고 해야 할 거야.

이처럼 취업이 어렵다보니 대학생 가운데 실업자가 되지 않기 위해 졸업을 연기하는 'NG족(No Graduation)'과 사회진출에 실패하고 학교로 돌아온 '유턴족' 그리고 결혼을 하고도 부모의 그늘에 머물러 있는 '캥거루족' 같은 말도 유행한다는구나. 또 일자리를 구하지 못해 졸업을 피하고 학교에 머무는 '대5'(대학5년생), 취업을 위해 편입학을 거듭하며 몸값을 올리는 '에스컬레이터족', 전공과목 외에 토익이나 취업강좌를 찾아다니는 '강의노마드족', 전공 외에 토익 공부를 하다 폐인이 된 '토폐인', 공무원 시험에 몰두하는 '공시족' 등의 신조어는 이 땅의 청년들이 어떤 처지에 놓여 있는지를 잘 말해 주고 있지.

그런데 동빈아! 청년실업은 청년들에게만 고통을 안겨주는 것이 아니란다. 국가적으로도 엄청난 손실이지. 대학에서 새로운 지식과 기술을 배운 청년들이 몇 년간 실업자로 지내게 되면 그동안 배운 지식과 기술을 활용할 수 없게 되니 말이다. 지식과 기술을 활용할 수 없는 것만이 아니라 꿈과 용기마저 잃어 '청춘'을 잃어버릴 수도 있거든. 그 나라의 청년들이 꿈과 희망, 열정과 용기의 '청춘'을 잃어버린다면 그 나라

취업이 어렵다보니 대학생 가운데 실업자가 되지 않기
위해 졸업을 연기하는 'NG족(No Graduation)'과
사회진출에 실패하고 학교로 돌아온 '유턴족' 그리고
결혼을 하고도 부모의 그늘에 머물러 있는
'캥거루족' 같은 말도 유행한다는구나.

는 성장 동력을 잃는 것이나 마찬가지 아니겠니? 이것은 큰 국가적 손실이란다.

또 청년실업은 기업의 생산성을 현저하게 떨어뜨린단다. 청년들이 실업상태에 있다는 것은 기업이 신규인력을 채용하지 않는 것을 의미하는데, 기업이 새로운 지식과 기술을 가진 신규인력을 채용하지 않게 되면 기업의 생산성이 떨어질 수밖에 없지. 특히 기술혁신이 기업경쟁력의 관건인 지금, 새로운 지식과 기술을 가진 청년들을 대거 채용하지 않게 되면 그 기업은 기술혁신에 뒤져 기업의 존립마저 위태롭게 될 거야. 사람의 몸도 새로운 영양분이 공급되어 신진대사가 활발히 돼야 유지될 수 있는 것처럼 기업도 새로운 지식과 기술을 습득한 청년들이 들어와야 노쇠해지지 않고 활기차게 운영될 수 있단다.

현재 청년실업으로 인한 국가의 총 소득손실액은 약 8조 원에 이른다고 하는구나. 또 25~30세 청년기에 실업상태에 있게 되면 평생 약 8억 원의 소득손실을 보게 된다는구나. 이 계산이 얼마나 정확한지는 알 수 없으나 국가적으로나 개인적으로 엄청난 손실이 발생하는 거지.

청년들의 취업이 어렵다 보니 학생들이 시험공부에만 매달려 폭넓은 지식을 습득하는 일을 포기하게 되는 것도 문제란다. 대학이 거대한 '취업학원'처럼 되고 있으니 이것은 국가의 장래를 어둡게 하는 일이 아닐 수 없지. 요즘 각 대학에서는 학생회장을 하겠다고 나서는 학생들이 없다고 하는데, 이것은 그동안 우리나라 학생운동이 잘못된 노선을 택함으로써 국민의 지탄을 받은 때문이기도 하겠지만 졸업 후의 생활이 걱정되어 취업공부에 몰두하기 때문이기도 할 거야. 한 나라의 청년

학생들에게 꿈과 희망, 용기와 열정이 없다면 그런 나라에 무슨 희망이 있겠니?

이처럼 청년실업은 청년들에게만 고통스러운 것이 아니라 국가적으로도 엄청난 손실을 가져오며, 특히 기업에도 심각한 타격이 되는데도 그 어디에서도 의미 있는 대책을 내놓고 있지 못하단다. 큰 문제가 아닐 수 없지. 물론 정부나 정치권이 많은 대책을 내놓긴 하나 실효성이 전혀 없단다. 2004년에는 '청년실업 해소 특별법'을 제정했고, 이 법에 따라 국무총리와 대통령이 위촉하는 1인을 위원장으로 하고 관계부처 장관과 노총위원장, 경영자 총협회장 등을 위원으로 하는 '청년실업 대책 특별위원회'를 구성하였단다. 그리고 국가, 지방자치단체, 정부투자기관, 민간사업자 등에게 청년실업해소를 위한 책무를 부과하고 1년에 약 7500억 원(2007년도)의 예산을 배정하여 중고생 중심의 잡스쿨Job School, 대학생 중심의 직업지도 프로그램CAP, 취업캠프, 연수체험, 해외 연수, 직업훈련, 일자리 제공, 취업지원 등 온갖 계획들을 수립해서 내놓았지.

그런데 이렇게 법을 만들고 정책을 수립해서 집행해도 그런 법이나 정책이 있는지조차 모를 정도로 이들 법과 정책들은 유명무실하단다. 그리고 그러한 정책들은 예산만 낭비했을 뿐 아무런 효과도 거두지 못했다는 보도가 이따금씩 나올 뿐이지. 청년실업을 해소할 대책이 있느냐 없느냐, 실효성이 있느냐 없느냐를 따질 필요조차 없게 된 거란다.

그러면 청년실업문제는 왜 발생하고 어떻게 해야 해결할 수 있을까? 청년실업문제가 발생하는 것은 기업들이 신규채용을 하지 않기 때문이란다. 그러면 기업은 왜 신규채용을 하지 않을까? 산업의 정보화, 곧 자동화로 노동인력이 크게 감소하는 데다 기존의 직원들이 노동조합을 만들어 자기들을 해고할 수 없도록 요구하기 때문이지.

그러면 어떻게 해야 청년실업문제를 해결할 수 있을까? 기업들이 청년들을 고용할 수 있게 하려면 기존의 직원들이 신규채용을 결사적으로 반대하지 않게 해야 한단다. 기존의 직원들이 자기들의 해고를 결사적으로 반대하지 않도록 하기 위해서는 회사에서 해고되더라도 먹고사는 문제가 걱정되지 않아야겠지. 이렇게 하려면 기본적으로 사회보장제도를 확립해서 실업자가 되더라도 인간답게 살아갈 수 있어야 한단다. 특히 누구나 취업을 원하면 취업할 수 있는 사회적 일자리가 무제한으로 공급되어야 한단다.

동빈아! 청년실업문제는 현재의 청년들만의 문제가 아니라 바로 너희 청소년의 문제이기도 하단다. 지금 청년실업문제를 해결할 정책을 강구하지 않으면 앞으로 청년실업문제는 더 심각해질 거야. 그래서 이를 해결할 정책을 구체적으로 제시해두고자 한다.

첫째, 청년실업문제를 해결하기 위해서는 사회적 일자리, 곧 공공근로를 무제한적으로 제공해서 일을 하고 싶은 사람은 누구나 일을 할 수 있게 해야 한단다. '사회적 일자리'를 제공하는 방식에는 여러 가지가 있는데, '사회적 기업'을 많이 만드는 것도 그중 하나일 거야. 앞에서 누누이 설명했듯이 정보문명시대의 도래는 대량실업을 구조화하는 측면이 있기 때문에 지금까지와는 근본적으로 다른 정책을 강구해야 한단다.

둘째, 학비와 의료비를 국가가 부담하는 사회보장제도를 확립함으로써 임금은 30퍼센트 정도, 물가는 20퍼센트 정도 낮춰야 한단다. 그래야 자본의 국외유출과 노동력의 국내유입이 억제되고, 수출이 늘어나고 수입이 억제돼 산업이 활성화되어서 기업의 신규채용이 늘어난단다.

셋째, 해고된 사람도 인간답게 살아갈 수 있도록 사회보장제도를 확립하고, 또 나이와 능력에 따라 재취업할 수 있는 길을 열어줘야 한단다.

넷째, 노동조합이 기업의 정리해고를 받아들임과 동시에 신규채용을 반대하지 않을 수 있도록 해야 한단다. 이렇게 하려면 노동운동이 상생·협력의 새로운 노사관에 입각해서 전개될 수 있어야 하지.

다섯째, 사회보장제도 확립을 위해서는 조세제도를 정보문명시대에 맞게 개편해야 한단다. 대량실업이 구조화되지 않던 시대, 소득양극화가 지금처럼 심하지 않던 시대에 적용하던 조세제도는 전면적으로 개편되어야 하지.

중소기업을 어떻게 해야 육성할 수 있을까?

동빈아! 중소기업이 무엇인지 아니? 중소규모의 기업을 말한다고 생각하겠지? 그렇단다. 중소규모의 기업이지. 그런데 중소기업의 범위를 법률적으로 규정하고 있단다. 즉 자본금이나 종업원 수, 총자산, 자기자본 또는 매출액을 기준으로 일정한 범위에 드는 기업을 중소기업이라 한단다. 제조업의 경우 상시근로자수가 300인 미만이거나 자본금이

80억 원 이하인 기업을 말하고, 광업·건설업·운송업은 상시근로자수가 300인 미만이거나 자본금이 30억 원 이하인 경우를 말하지.

그런데 왜 이처럼 중소기업의 범위를 법률적으로 엄격하게 규정하고 있을까? 그것은 중소기업으로 분류되면 국가로부터 각종 혜택을 받을 수 있기 때문이란다. 그러면 국가는 왜 중소기업에 특별한 혜택을 줄까? 그것은 중소기업이 잘 되어야 국가경제가 발전하고 국민복지가 실현되기 때문이란다. 그러면 왜 중소기업이 잘 되어야 국가경제가 발전하고 국민복지가 실현될 수 있을까? 국가경제가 발전하려면 기술혁신이 이루어져야 하는데 기술혁신은 주로 중소기업에서 이루어지기 때문이지. 그리고 국민복지가 이루어지려면 취업자가 많아야 하는데 중소기업이 잘 돼야 일자리가 많이 생기거든. 국민총생산, 곧 GNP가 아무리 높고 또 수출이 아무리 많더라도 그것이 대기업에 의해서만 이루어진다면 바람직스럽지 못하단다. 왜냐하면 대기업은 고용효과가 낮기 때문이지.

그런데 지금 우리나라 중소기업은 빈사상태에 있다고 해도 과언이 아니란다. 왜 그럴까? 대기업의 횡포 등 여러 가지 이유가 있지만 가장 중요한 이유는 중국 등 동남아국가들에 비해 우리나라의 임금과 물가가 높다 보니 우리나라 중소기업들은 수출시장에서도 경쟁력을 잃고 내수시장에서도 경쟁력을 잃기 때문이란다. 물건을 생산해봤자 팔 수가 없거든. 그래서 중소기업을 살리려면 수출시장과 내수시장에서 경쟁력을 확보해야 한단다. 이렇게 하기 위해서는 앞에서도 말했듯이 임금과 물가가 인하되어야 하겠지. 그러면 어떻게 하면 임금과 물가가 인

하될까? 역시 앞에서 말한 대로 의료비와 교육비 등을 국가가 부담하는
사회보장제도를 확립해야 한단다.

어떻게 하면
임금격차를 줄일 수 있을까?

동빈아! 지금 우리나라는 임금이 경쟁상대국들에 비해 너무 높은 것
도 문제지만 대기업과 중소기업, 정규직과 비정규직, 업종과 직종, 성별
과 학력별, 고위직과 하위직 등에 따라 임금의 차이가 너무 큰 것도 문
제란다. 이러한 임금의 현격한 격차는 기본적으로 사회정의에도 반하
지만 국민복지의 실현도 어렵게 하고, 또 사회갈등과 노사갈등을 유발
하여 경제적 손실도 초래한단다.

임금이 꼭 같을 필요는 없지만 그 격차가 너무 커서는 안 되거든. 더
욱이 합리적인 이유도 없이 턱 없이 높은 임금을 받는 것은 사회악이 될
수 있단다. 그런데 여기서 간과하지 말아야 할 것은 임금이 높더라도 생
활하기가 어려운 사람도 있다는 거란다. 다 같은 임금을 받더라도 가족
의 구성이나 쓰임새에 따라 모자랄 수도 있고 남을 수도 있거든. 그래서
합리적으로 임금이 책정되어야 한단다.

그러면 어떻게 해야 임금격차를 합리적으로 조정할 수 있을까? 역시
국민의 기본생활을 국가가 보장하는 사회보장제도를 확립하는 것이 선
행되어야 한단다. 사회보장제도가 확립되어 있는 서유럽의 복지국가들

에서는 '사회임금'의 비율이 높고 '시장임금'의 비율이 낮은데, 그렇게 되어야 전반적으로 임금이 인하될 수 있고 또 임금의 격차도 줄어들 수 있단다. 그리고 그런 상태, 곧 사회보장제도의 확립으로 누구나 인간으로서의 기본생활을 할 수 있는 상태에서는 임금을 월등하게 많이 받는 사람이 있더라도 국민복지의 차원이나 경제운용의 차원에서 별로 문제될 것이 없단다.

그런데 왜 사회보장제도를 확립하면 전반적으로 임금이 인하되면서 임금의 격차가 줄어들고 국민의 복지도 보장되며 노사갈등도 줄어드는지 좀더 자세히 검토해보자.

같은 직장에 다니는 두 사람의 노동자가 받는 월급을 한번 비교해볼까? 부모를 모시고 살고 또 양육할 자녀가 있어 한 달 생활비가 350만 원인 노동자 갑과 부모를 모시지 않고 양육할 자녀도 없어 생활비가 한 달에 150만 원인 노동자 을이 있다고 치자. 그런데 이들이 같은 회사에 다니면서 매월 300만 원의 월급을 받는다면, 갑은 매월 50만 원씩이 모자라지만, 을은 그런 비용이 들어가지 않으니 한 달에 약 150만 원이 남게 되지. 이래서는 안 된단다. 어떻게 해야 할까? 부모양육비와 자녀교육비를 사회보장제도로 국가가 책임지고 갑과 을에게 월급을 200만 원씩 주는 것이 합리적일 거야.

이렇게 하지 않을 경우 갑은 생활비가 부족하니 임금인상을 요구할 것이고, 이것은 필경 파업으로 연결된단다. 그런데 갑이 파업을 하면 을은 한 달에 150만 원 씩 저축할 수 있을 정도로 월급을 많이 받으니 파업에 참여하지 않을까? 그렇지 않지. 을도 당연히 파업에 동참할 거야.

왜냐하면 파업을 하면 월급을 더 올려 받을 수 있을 테니 말이다. 이렇게 되면 파업이 힘을 얻어 결국은 임금이 올라갈 수밖에 없지. 이런 식으로 임금이 올라가면 국민경제를 위해서도 바람직스럽지 못하지만 이 과정에서 노사정 사이의 갈등이 심해서 국민경제에 상당한 손실을 가져온단다.

따라서 임금을 합리적으로 조정해야 국민복지도 보장되면서 노사갈등이 줄어들고, 국민경제도 순조롭게 발전할 수 있는 거란다. 그리고 현재와 같은 경제환경을 그대로 두는 경우에는 '임금피크제'를 도입해 임금을 조정할 수도 있을 거야. 사실 사회보장제도가 충분히 확립되어 있다면 임금격차가 크게 줄어들어 임금피크제 도입의 필요성이 없겠지만 현재와 같은 상황에서는 임금피크제라도 도입해서 임금의 격차도 줄이면서 고용도 안정시킬 필요가 있단다. 그리고 60세가 넘으면 임금을 줄이는 대신 정년을 연장할 수도 있을 거야. 기업의 입장에서도 임금부담을 줄일 수 있으니 정년연장을 반대하지는 않을 거고. 기업이 노동력 교체를 위한 해고와 신규채용을 할 수도 있지만 이미 숙련된 사람을 계속해서 일하게 할 필요가 있는 곳도 있거든. 임금이 너무 높아 숙련된 노동자들을 조기에 퇴직시키는 일을 없게 하는 것이 개인적으로나 국가적으로 좋을 거야.

정보 문명시대의 조세제도는 어떠해야 할까?

　동빈아! 세금을 왜 거두는지 알지? 나라살림에도 돈이 필요하거든. 돈과 관련한 나라살림을 재정이라고 하는데, 재정은 예산에 따라서 집행된단다. 그리고 예산은 세입과 세출로 이루어지는데, 재정을 위한 세입이 바로 조세란다. 즉 재정을 위해서 국민으로부터 돈을 거두어들이는 거지.

　조세와 관련해서는 많은 이론과 제도가 있단다. 왜냐하면 조세가 공정하게 이루어져야 나라살림과 국민경제가 순조롭게 이루어질 수 있기 때문이지. 그리고 조세가 공정하게 이루어져야 국민의 불만도 생기지 않거든. 그래서 '조세정의'라는 말이 있단다. 즉 조세는 정의에 맞게 과세되고 집행되어야 한다는 거지.

　그리고 조세는 민주주의의 발달사와도 깊이 관련되어 있단다. 옛날 군주가 나라를 통치할 때는 군주의 뜻대로 세금을 거두었는데 이것에 대한 제동을 거는 일에서부터 민주정치가 발달했단다. 근대 민주정치는 영국에서 가장 괄목할 정도로 발달했는데, 영국의 민주주의는 왕의 조세징수권을 제한하기 위해 의회를 구성하면서 발달해왔다고 볼 수 있지. 그래서 '의회의 승인이 없이 과세는 없다'든가 '대표 없이 과세는 없다'는 말이 조세의 한 원칙이 되었단다. 이것은 조세법률주의를 말하는 것으로 법률에 의하지 아니하고는 국민에게 세금을 부과할 수 없다는 것이지. 이 조세법률주의가 확립되기까지는 엄청난 투쟁이 있었단다.

그래서 조세가 정의에 합당하도록, 즉 형평성에 맞게 부과될 수 있게 하기 위한 다양한 방안이 강구되고 있단다. 물론 이와는 정반대로 국민을 더 많이 착취하기 위한 경우도 많지만 말이다. 아무튼 조세정의, 곧 조세의 형평성은 꼭 지켜져야 한단다.

그런데 정의나 형평성은 시대상황에 따라 그 내용이 달라진단다. 모든 국민의 소득이 비슷한 경우라면 소득세율이 일정해도 형평성이 파괴되지 않겠지만 소득의 차이가 큰데도 세율을 일정하게 한다면 형평성이 유지될 수가 없지. 모든 국민의 소득이 한 달에 200~300만 원이라면 소득세율을 20퍼센트로 하더라도 형평성이 파괴되었다고 말할 수 없을 거야. 그러나 어떤 사람은 소득이 100만 원밖에 안 되고 또 어떤 사람은 소득이 1000만 원인 경우 꼭 같이 20퍼센트의 세율을 적용하면 한사람은 100만 원에서 20만 원을 세금으로 내고 80만 원의 순소득을 얻게 될 것이고, 또 한 사람은 1000만 원 가운데 200만 원을 세금으로 내고 800만 원의 순소득을 얻게 되겠지. 이렇게 하는 것은 형평성에 맞지 않단다. 그래서 100만 원 소득의 경우에는 세율을 5퍼센트로 낮춰 95만 원의 순소득을 얻게 하고, 1000만 원 소득의 경우에는 세율을 40퍼센트로 높여 400만 원의 세금을 내고 600만 원의 순소득을 얻게 해야 한다는 거야. 이렇게 해야 조세정의 내지 조세의 형평성에 부합한단다.

그러면 앞에서 설명했듯이 소득양극화가 구조화하기 쉬운 정보문명시대에는 어떤 조세제도를 정립해야 조세의 형평성에 맞을까? 정보문명시대에는 자동화로 소득의 양극화가 구조화되기 쉬워 개인별, 기업

별 소득차가 굉장히 커지고 심지어 무소득자가 많아져 이른바 '20 대 80의 사회'가 되기 쉽다고 했었지? 이런 때는 조세를 통해서 이 양극화를 완화할 필요가 있단다. 즉 조세를 통해 소득재분배가 이루어지게 해야 하지. 그래서 소득세나 상속세, 증여세의 누진율을 대폭 강화할 필요가 있단다. 즉 소득세 등의 누진율을 강화해서 지금보다 많은 세금을 거두어 사회보장제도를 획기적으로 강화해야 한단다.

동빈아! 세금과 관련해서는 국민도 각성해야 한단다. 우리나라 국민들은 세금을 적게 낼 생각만 하지 자기가 낸 세금이 어떻게 쓰이는지에 대해서는 관심을 두지 않는 편이거든. 그리고 국민의 복지가 보장되기 위해서는 세금을 많이 내야 한다는 것을 모르고 있지. 우리가 낸 세금이 사회보장제도 확립에 어떤 도움이 되는지 알아야 한단다.

그런데 요즘 대기업들이 기업이윤의 사회 환원 차원에서 거액의 기부금을 내는 경우가 많단다. 이런 현상에 대해서는 올바른 판단이 있어야 한단다. 지금까지의 사고방식으로 보면 사회적으로 칭송받을 일이지. 그러나 이것은 옳은 사고방식이 아니란다. 기업이 이런 식으로 거액의 돈을 기부하는 것은 대단히 잘못된 사회운영방식이란다. 기업이 거액의 기부를 하는 것은 그만큼 이윤을 올렸기 때문인데 그 이윤을 기부금이 아니라 세금으로 내게 해야 한단다. 기부금으로 사회에 환원될 경우 국가적 차원에서 효율적으로 사용하지 못하기 때문이지.

그런데 동빈아! 우리나라 조세제도는 문명의 전환, 곧 정보문명시대의 도래에 맞도록 개편되지 못했다는 점에서도 잘못이지만 그것과 상관없이 잘못된 부분이 많단다. 무엇보다 조세의 종류가 너무 많고 복잡

하게 되어 있거든. 국세가 15종류, 지방세가 16종류나 되는 것도 문제
지만 그것보다 세법이 너무 복잡한 것이 더 큰 문제란다. 우리나라 세
법을 제대로 아는 사람은 얼마 없을 거야. 특히 조세 감면규정과 공제
규정이 너무 많단다. 이런 규정을 아는 사람은 교모하게 세금을 적게
내지만 그렇지 못한 사람은 세법상의 감면혜택과 공제를 받지 못하지.
이처럼 조세제도가 복잡하면 여러 가지 폐해가 발생하지만 특히 조세
부정이 생기게 마련이란다. 조세부정을 없애기 위해서도 세법을 단순
화해야 한단다.

자녀에게 재산을 꼭 상속해야 할까?

동빈아! 상속이 무엇인지 알지? 간단히 말하면 부모가 자녀에게 재
산을 물려주는 것을 말한단다. 여기에는 증여도 포함되지. 증여는 죽기
전에 미리 주는 것이고 상속은 죽을 때 주는 것을 말한단다. 증여는 다
른 사람에게도 할 수 있지.

우리나라에서는 부모가 자녀에게 재산을 물려주는 것을 당연하게 여
기고 있지. 그런데 오스트레일리아에서는 부모가 죽을 때 자기의 재산
을 자녀에게 상속할 것을 유언하지 않는 한 부모의 재산은 자동으로 국
고에 귀속된단다. 그러니까 우리나라와는 정반대지. 우리나라에서는
특별히 재산을 국가에 헌납하겠다든가 다른 사람에게 증여하겠다는 뜻

을 밝히지 않으면 자동으로 자녀에게 상속되니 말이다.

그러면 오스트레일리아에서는 어떻게 부모가 자녀에게 재산을 물려주는 일이 많지 않을까? 그 이유는 모든 국민의 기본생활을 국가가 책임져주는 사회보장제도가 확립되어 있기 때문이란다. 사실 오스트레일리아만큼 사회보장제도가 잘 되어 있는 나라는 드물지. 그야말로 '요람에서 무덤까지' 생활이 보장되어 있거든. 특히 18세만 되면 부모를 떠나서 독립적인 생활을 할 수 있게 되어 있단다. 기본적으로 학비와 의료비가 무상인 데다 18세가 넘어 학교에 다니게 되면 '학생생활지원비'가 나오고, 학교에 다니지 않는데도 취업을 하지 못하면 '보조수당'이 나와 생활할 수 있다는구나. 부모의 도움 없이도 충분히 살아갈 수 있으니 부모는 자기의 재산을 자녀에게 물려줄 생각을 하지 않는 거지.

동빈아! 우리는 오스트레일리아의 이런 삶에서 교훈을 얻을 수 있단다. 즉 자녀는 자녀 나름의 인생을 개척해 거기서 보람과 기쁨을 얻어야 한다는 거지. 이렇게 사는 것이야말로 자아실현의 삶을 사는 것이란다. 그리고 이것이 가능하도록 하는 제도야말로 참으로 인간적인 것이지. 왜냐하면 인간은 자아실현의 보람과 기쁨을 얻는 생활에서 최고의 행복을 누릴 수 있기 때문이지.

그러면 우리는 어떻게 해야 할까? 우리도 부모로부터 상속을 받을 필요가 없는 사회를 만들어야 하지 않겠니? 그것은 당연히 사회보장제도를 확립하는 것이지. 물론 사회보장제도를 확립해도 개인적으로 특별한 사정이 있는 경우 부모의 재산을 상속받을 필요가 있겠지. 그리고 그것은 사회적으로도 필요한 일이 될 수 있을 거고. 가령 부모의 가업을 계승하는 경우 부득이 부모의 재산을 상속받게 될 텐데, 이것은 사회적으로도 필요한 일일 거야.

실업통계를 믿어도 될까?

동빈아! 실업률이란 게 있단다. 노동할 의사와 능력을 가진 인구, 곧 경제활동인구 가운데 직장이 없는 사람들의 비율을 말하는데, 이것이 대단히 비현실적이란다. 우리나라에서 사용해온 실업률 통계기준은 국제노동기구ILO의 기준인데, 이 기준에 의한 실업자는 실업자 조사 이전 1주일 이내에 구직을 위해 적극적으로 노력했는데도 일주일에 한 시간의 유급노동도 할 수 없었던 사람을 말한단다. 취직을 아주 포기한 사람이나 1주일에 한 시간이라도 유급노동을 한 사람은 실업자에서 빠지는 거지. 극단적인 경우 경기가 나빠 구직을 포기하면 실업률은 0퍼센트가 된단다.

실업통계는 경기변동기에나 의미 있는 지표가 될 수 있을 뿐 보통 때는 전혀 현실을 반영하지 못한단다. 앞에서 지적한 대로 불황이 장기화돼 살기가 어려울수록 오히려 실업률이 낮아지게 되어 있으니 말이다. 지금 우리나라의 실업률이 턱 없이 낮은 것은 이러한 이유 때문이란다. 2009년 4월 현재 통계상의 실업자는 95만 2000명(3.9퍼센트)인데 실제 실업자는 500만 명을 넘는다고 봐야 할 거야.

그래서 지금 통용되고 있는 실업통계는 전혀 믿을 수 없단다. 실업통계가 실업상태를 제대로 반영하려면 실망실업자와 어쩔 수 없어 최저생계비 미만의 임금을 받고 일하는 불완전취업자들도 실업자에 포함시켜야 한단다.

'국가신용도'를 경제발전의 척도로 삼아도 될까?

동빈아! '국가신용도'가 무엇인지 아니? 어떤 나라가 다른 나라의 기업이나 국가기관에 진 빛의 채무이행능력과 채무이행의사 수준을 말하는 것인데, 이것은 한마디로 외국자본의 투자여건을 의미한단다. 즉 외국자본이 어떤 나라에 돈을 투자해서 돈을 안전하게 벌 수 있는지 없는지를 판단해서 측정한 수준이지. 경제상황과 전혀 관련이 없는 것은 아니지만 경제상황이 좋다 하더라도 외국자본에 대한 각종 규제나 과세 등이 엄격하면 국가신용도는 떨어지고, 경제상황이 어렵더라도 외국자본에 대해서 많은 특혜를 부여하고 이를 정부가 보증한다면 국가신용도는 올라간단다. 그야말로 그 나라의 '대외신용'을 말하는 것일 뿐 '경제상황'을 의미하는 것은 아니지.

그런데도 우리나라에서는 국가신용도가 마치 우리나라의 경제상황을 말해주는 것처럼 간주하여 일희일비하고 있으니 한심한 일이 아닐 수 없구나. 미국이나 영국 등의 신용평가회사가 외국의 신용도를 조사해서 발표하는 것은 우리나라를 위해서 그렇게 하는 것이 아니라 미국이나 영국 자본이 해외로 진출할 때 참고하라고 하는 것이란다. 우리의 입장에서 보면 국가신용도란 우리나라의 자산을 외국자본에 팔아넘기는 것이 얼마나 용이하냐를 나타내는 척도일 뿐이지. 그런데도 그것을 경제를 살리는 구국의 척도나 되는 양 간주하고 있으니 나라경제가 외국자본의 수중으로 넘어가는 것은 너무나 당연하지.

이런데도 국가신용도를 올리기 위해 정부 각 기관이 안간힘을 쓰고 있단다. 무디스사나 S&P사 등 신용평가기관이 신용평가 조사를 위해 한국에 오면 기획재정부, 한국은행, 금융감독위원회 등이 전전긍긍해하면서 융숭한 대접을 하고 있지. 그리고 국가신용등급이 한 등급이라도 올라가면 엄청나게 선전한단다. 특히 언론이 이를 대서특필하지. 국가신용도의 매국적 성격을 잘 몰라서 그렇게 하기도 하지만 미국이 우리나라를 어떻게 평가하느냐를 국가발전의 척도로 보고자 하는 대미사대주의의 표현이기도 하지.

외국의 신용평가기관이 우리나라의 국가신용도를 어떻게 평가하는지를 알아볼 필요는 있겠지만 그것을 우리나라 경제발전의 척도로 보아서는 안 된단다.

사교육비와 입시문제, 어떻게 해야 해결할 수 있을까?

동빈아! 정치인들이 대통령이 되거나 국회의원이 되면 사교육비 문제를 해결하겠다고 말하는 것 많이 들어봤지? 이 사교육비문제는 입시지옥과 관련되어 있단다. 입시가 지옥처럼 힘드니 입시를 준비하기 위해 과외수업을 해 사교육비가 들어가니 말이다. 학생들은 입시문제로 엄청난 고통을 겪게 되고, 학부모들은 과외수업비 대느라 허리가 휘는 실정이지. 결국 '입시지옥'이 없어져야 사교육비문제도 해결될 수 있단다. 그러면 어떻게 해야 입시지옥을 없앨 수 있는지 알아보자.

그동안 '입시지옥'을 없앤다는 명분 아래 대학별고사를 없애고 수능시험을 치르게 했는가 하면, 선지원·후시험제를 선시험·후지원제로 바꾸기도 하고, 단수지원제를 복수지원제로 바꾸기도 했었지. 여기다가 수시모집이라 하여 고등학교 3학년 1학기에도 대학에 지원할 수 있게 해 고등학교 3학년 과정 전체가 파행적으로 운영되게 하기도 했지. 이처럼 입시지옥을 없앤다고 온갖 제도들을 만들었으나 입시지옥이 없어지기는커녕 더 강화되고 있으니 어찌된 일일까? 오히려 입시제도의 잦은 변경이 입시생들을 더 어렵게 만드는 데다 입시경쟁을 더 부추기고 있으니 말이다.

복수지원제는 입학시험의 기회를 여러 차례 주는 것 같지만 그것은 결국 성적이 우수한 학생을 위한 제도일 뿐 성적이 뒤처진 학생에게는 그나마 대학입학의 문이 더욱더 좁아지는 것을 의미한단다. 특히 수시입학은 지극히 반교육적인 처사로 고등학교 전 과정을 입시공부로 몰아넣는 일이 될 뿐이지. 그러니 어느 한 가지도 입시지옥을 없애는 방안이 되고 있지 못한 실정이란다. 한두 해도 아니고 수십 년간 꼭 같은 시행착오를 계속하고 있으니 어찌 교육관계자나 우리 국민들 모두가 무능하다고 말하지 않을 수 있겠니.

그러면 어떻게 하면 입시문제와 사교육비문제를 해결할 수 있을까? 무엇보다 학업성적이 나쁘거나 경쟁에서 패배해 좋은 대학을 나오지 못하더라도 자신이 하고 싶은 일을 하면서 인간답게 살 수 있는 사회를 만들어야 한단다. 좋은 대학을 나와야 좋은 일자리를 가질 수 있어 잘살 수 있다면 너도 나도 좋은 대학에 입학하려고 안간힘을 쓸 것이고, 그렇게 되면 입시지옥이 발생할 수밖에 없지. 그러면 어떻게 해야 할까? 좋은 대학을 나오지 않더라도 인간답게 살아갈 수 있게 하기 위해 사회보장제도를 확립해야 한단다. 사회보장제도가 확립되어 있다면 좋은 대학을 나오지 않더라도 먹고사는 데 아무 지장이 없을 것이니 말이다. 그렇게 되면 입시지옥이 없어지겠지.

아울러 학연에 따른 부정부패가 발붙이지 못하게 하는 것도 입시지옥을 없애는 데 중요한 역할을 할 거야. 우리사회에서 일류대학에 가려는 것은 실력을 양성하기 위한 것이라기보다 졸업장을 따기 위한 경우가 더 많거든. 미국이나 영국 등에서도 하버드대학이나 옥스퍼드대학 등 명문대학에 들어가기 위해 밤 새워 공부하는 학생이 많이 있단다. 그런데 그 나라에는 입시지옥이란 말이 나오지 않고 또 사교육비가 사회문제가 되는 일이 없거든. 왜냐면 공부를 하고 싶은 학생들은 공부를 하지만 다른 데 재능이 있는 학생들은 그 나름대로 자신의 일을 하면서 인간답게 살 수 있기 때문이지.

어떤 사회에서도 입시경쟁은 있을 수밖에 없단다. 다만 그것이 공부하고 싶은 사람들끼리의 경쟁일 때는 '입시지옥'이 되지 않겠지만, 공부하기 싫은 사람도 그렇게 해야 하니 입시지옥이 되는 거란다. 결국 공부를 좋아하거나 공부에 소질이 있는 사람은 공부를 열심히 하고, 공부를 싫어하거나 공부에 소질이 없는 사람은 공부 이외의 다른 일을 열심히 해서 잘살 수 있는 사회를 만들어야 하는 거지.

그런데 이런 주장에 대해 '경쟁이 없어야 한다는 것인가'라고 반문하는 사람이 있을 거야. 경쟁이 없어야 하는 것은 아니란다. 경쟁은 사회발전을 위해서도 필요하지만 개인에게도 필요하니 말이다. 다만 경쟁을 하더라도 그것이 인생의 성패를 가르는 것이 되어서는 안 된다는 거야. 즉 경쟁에서 패배했다고 해서 비참해져서는 안 된다는 거지. 경쟁이 자아실현의 과정이 되어야 하고, 경쟁을 통한 성취가 경쟁에서 이긴 사람에게만 좋은 것이 아니라 사회전체를 발전시키는 힘이 되도록 해야 한단다. 그래서 경쟁에서 진 사람도 경쟁의 효과에 힘입어 보다 나은 삶을 살 수 있도록 해야 하는 거란다.

요컨대 사회보장제도를 확립해둠으로써 누구나 인간다운 삶을 살 수 있도록 해두고서 그 위에서 경쟁을 할 수 있도록 해야 한단다. 그렇게 하면 한편으로는 자기가 하고 싶은 일을 자기 마음대로 함으로써 자아실현의 삶을 살 수 있게 되고, 다른 한편으로는 그 자아실현의 성과로

나온 것을 가지고 사회를 발전시켜 전 국민의 생활수준을 향상시킬 수
있으니 말이다.

Chapter 19
정보문명시대에는 왜 사회보장제도가 필수일까

동빈아! 나는 앞에서 걸핏하면 사회보장제도를 확립해야 한다고 말했었지. 사회보장제도가 만병통치약이라도 되는 듯이 말이다. 사실 사회보장제도가 만병통치약은 아니지만 그 어떤 정책도 사회보장제도의 뒷받침을 받지 않으면 효력을 발휘하기 어렵단다. '약방에 감초'라는 말이 있는데, 사회보장제도는 약방의 감초와 같은 것이라고 할 수 있겠구나. 그 어떤 약에도 감초가 들어가야 약효가 제대로 발휘되듯이 사회 각 부문의 정책도 사회보장제도가 뒷받침돼야 소기의 성과를 거둘 수 있거든. 그래서 나는 지난날 '사회보장제도의 전략적 의의'라는 제목으로 글을 쓴 일이 있는데, 사회보장제도는 단순히 빈곤층을 구제하는 역할만이 아니라 사회 전체를 발전시키는 역할을 한다는 내용이지.

사회보장제도가 이처럼 전략적 의의가 있을 만큼 중요해진 것은 정보문명시대가 도래하기 때문이란다. 앞에서 누누이 설명했듯이 정보문

사회보장제도란 질병, 노쇠, 실업, 재해, 저소득 등으로
생활능력이 없는 사람을 국가재정으로
보호하는 제도를 말한단다.

명시대에는 대량실업과 소득양극화로 '20 대 80의 사회'가 되는 경향이 있기 때문에 이에 대한 대책으로 소득재분배가 요구된단다. 사회보장 제도는 소득재분배가 이루어지게 하는 제도적 장치이니 말이다.

그래서 여기서는 사회보장제도는 구체적으로 어떤 제도이며, 사회보장제도는 왜 실시해야 하며, 제대로 된 사회보장제도가 확립되려면 어떤 원칙에 입각해야 하는지 그리고 사회보장제도를 실시할 재원은 어떻게 조달할 수 있는지 등에 대해 알아보기로 하자.

사회보장제도는 어떤 제도일까?

기본적으로 사회보장제도란 질병, 노쇠, 실업, 재해, 저소득 등으로 생활능력이 없는 사람을 국가재정으로 보호하는 제도를 말한단다. 사회보장제도에는 수익자가 자신의 소득수준에 따라 보험료를 부담하는 사회보험과 수익자에게 보험료를 부담시키는 것 없이 국가재정으로 사회보장비를 충당하는 사회보장이 있는데, 엄격한 의미에서 사회보험은 사회보장제도로 보기 어렵단다. 우리나라의 국민건강보험, 고용보험, 국민연금 등이 모두 사회보험인데, 이것은 보험료를 내지 못하는 사람은 혜택을 받지 못하거든. 보험료를 낼 수 없는 사람이야말로 진짜 사회보장의 혜택을 받아야 할 사람인데 그런 사람에게는 혜택이 주어지지 않는다는 점에서 사회보험제도는 사회보장제도라고 할 수 없는 거지.

보완장치가 충분히 있을 경우 사회보험을 채택할 수 있는 경우도 있겠지만 기본적으로 전 국민의 기본생활은 사회보장을 통해서 보장하고 그 위에서 사회보험을 채택해야 할 거야. 그래서 사회보장제도가 제대로 확립되어 있다고 말할 수 있으려면 '요람에서 무덤까지'라는 말 그대로 인간이 태어나서 죽을 때까지 안심하고 살 수 있어야 한단다.

동빈아! '요람에서 무덤까지'라는 말 들어봤니? 이 말은 영국의 유명한 경제학자 베버리지W. Beveridge란 사람이 발표한 〈베버리지보고서〉에 나오는 말인데, 베버리지는 이 보고서에서 '누구도 최소한의 생활수준 이하로 떨어지는 일이 없도록 해야 한다'고 주장했단다. 그리고 이에 기초해서 만들어진 제도가 있는데, '국민건강서비스제도'라는구나. 이 국민건강서비스제도는 어떤 예외도 두지 않고 '모든 국민이 모든 질병에 대하여 모든 치료를 다 받을 수 있도록 하는 제도'였단다. 영국은 사회보장제도를 가장 먼저 실시한 나라지. 그야말로 '요람에서 무덤까지' 아무 걱정 없이 살 수 있도록 사회보장제도가 완벽하게 정비되어 있단다. 근년에 접어들어 사회보장제도의 부작용이라고 할 수 있는 '복지병', 곧 '영국병'이 대두된 데다 정보문명시대에 제대로 대처하지 못함으로써 경제적 어려움에 봉착하자 신자유주의를 채택하면서 사회보장제도를 상당 정도 후퇴시킨 면이 있지. 그럼에도 불구하고 다른 서유럽복지국가들과 더불어 '복지천국'으로 불린단다.

그런데 동빈아! 사회보장제도에는 크게 두 가지 종류가 있단다. 전 국민을 사회보장의 대상으로 하는 보편주의 사회보장제도와 생활이 어려운 사람에게만 사회보장의 혜택을 주는 선별주의 사회보장제도란다.

그런데 보편주의 사회보장제도를 채택하는 것이 훨씬 더 인간적이란다. 물론 사회보장제도란 것이 기본적으로 생활이 어려운 사람을 돕는 제도인 만큼 선별주의를 채택해서 안 될 것은 없지만 선별주의를 채택할 경우 사회보장혜택을 받는 사람이 열등감을 느낄 수 있어 좋지 않단다. 서유럽국가들은 보편주의를 채택하고 미국과 우리나라는 선별주의를 채택하고 있지.

선별주의를 채택하고 있는 나라에서는 비참한 상황에 놓여야만 사회보장의 혜택을 받을 수 있기 때문에 사회보장제도의 혜택을 받는 것을 사람들이 부끄러워한단다. 그러다보니 자신이 사회보장제도의 수혜자가 되는 일은 없어야 한다고 생각하게 돼 사회보장제도의 확립에 소극적이거나 반대하는 경향이 있지. 그래서 사회보장제도의 확립을 위한 국민적 공감대를 형성하기가 어렵단다.

그리고 보편주의적 사회보장제도를 채택하는 나라들에서는 사회보장제도를 강화하기 위한 세금인상을 공약해야 국민의 지지를 받을 수 있는데 반해 선별주의적 사회보장제도를 채택하는 나라들에서는 대체로 세금인상을 주장하면 국민의 지지를 받기가 어렵단다. 특히 우리나라의 경우 사회보장제도의 확립을 위해 세금을 더 거두어야 함에도 불구하고 세금인상에 대한 국민적 저항이 심해서 세금을 인상하기가 어렵단다. 그 이유는 사회보장제도가 제 역할을 다할 만큼 정비되지 못한데다 거두어들인 세금을 정부가 너무 많이 낭비하고 있기 때문이지.

그러면 사회보장제도의 구체적 내용을 알아보기로 하자.

첫째, 모든 국민의 기본생활을 국가가 보장한다. 모든 국민의 기본생활, 곧 의식주와 의료, 교육을 국가가 보장해서 어떤 경우에도 국민이 기본생활에 어려움을 느끼는 일이 없게 해야 한단다. 이를 위한 법률이 있는데, '국민기초생활보장법'이 바로 그것이란다. 이 법률은 2000년 10월 1일부터 시행되고 있는데 부족한 점이 많이 있지만 사회보장제도 확립의 초석이 될 수 있다고 평가해도 좋을 것이다. 다만 수급권자의 범위가 너무 협소하고 절차가 너무 복잡한 것이 흠인데 이것은 앞으로 크게 보완해야 한단다.

동빈아! 앞으로는 더욱더 사회보장제도를 통해 국민의 기본생활을 국가가 보장해야 한단다. 앞에서 여러 차례 지적한 대로 소득의 양극화가 일어나 부자의 돈을 빈곤층에게 나눠주지 않으면 경제가 돌아가지 않게 되어 있거든. 빈곤층에게 돈을 나눠주는 것은 빈곤층을 위한 것만이 아니라 부자를 위한 것이기도 하고 경제의 선순환을 위한 것이기도 하단다.

그런데 지금 우리나라에서 국민의 기본생활을 보장하기 위해서는 집 없는 서민들의 주택문제를 해결하는 것이 꼭 필요하단다. 주택문제 해결이 없이는 국민의 기본생활을 보장한다고 말할 수 없을 테니 말이다. 그래서 주택문제에 대해서 특단의 대책을 강구해야 하겠구나. 내 생각으로는 정부가 국공유지에 '영구임대주택'과 더불어 '공공할부주택'을 많이 건설해서 적은 돈으로 '내 집 마련의 꿈'을 이룰 수 있게 해야 한다고 본다. 2009년 현재 '최소주거면적' 이하의 집에 사는 사람이 약 200만 가구(약 500만 명)에 이르는데, 위와 같이 함으로써 '최소주거면적' 이하의 집에서 사는 사람은 없게 해야 할 거야.

둘째, 무상의료를 실시해 돈이 없어 치료를 못 받는 일이 없도록 한다. 지금처럼 보험료에 의존하는 국민건강보험제도를 폐지하고 국가재정으로 운영하는 국민의료보장제도가 확립되어야 한단다. 극빈층에 대해서는 보험료 납부를 면제해주기는 하지만 보험료에 의존할 경우 보험료를 납부할 수 없는 사람이 생기는 것도 문제란다. 또 보험료로 납부할 경우 소득의 차이에 따른 누진과세가 되지 않는 것도 문제지.

그런데 지금 시행 중인 건강보험제도는 이런 제도가 없을 때에 비하면 좋은 것이지만, 보험 혜택을 받을 수 없는 사각지대가 많다는 것이 문제란다. MRI촬영, CT촬영, 초음파진단, 희귀병의 검사·치료비 등 대부분의 비용을 환자가 부담하고 있거든. 질병이 심각할수록 더 큰 혜택을 받아야 하는데 그렇지 못하니 잘못된 것이지. 특히 치과병원에 대해서 국민건강보험금을 제외하는 것은 정말 잘못된 거란다. 치아가 건강에 절대적 중요성을 지니고 있는데도 말이다. 이에 대한 개선책이 모색되고 있으나 과감할 필요가 있겠구나. 환자가 치료나 요양을 필요로 하는 경우에는 어떤 질병이든 또 그 기간이 얼마이든 치료받고 요양 받을 수 있게 해야 한단다.

셋째, 유치원부터 대학까지 무상교육을 실시한다. 유치원부터 대학까지의 학교교육은 국가가 그 비용을 부담해야 한단다. 대학원의 경우도 국가재정으로 대여장학금제도를 운영하여 원하는 사람은 학업을 학업을 계속할 수 있게 해야 하지.

넷째, 65세 이상의 노인에게 매월 30만 원 이상의 노령연금을 지급한다. 재산의 다과, 부양가족의 유무와 상관없이 65세 이상의 모든 노인에게 매월 약 30만 원 이상의 노령연금을 지급해야 한단다.

이렇게 하는 것은 사회발전에 기여한 노령세대에 대한 국민의 보답이기도 하고 또 노령세대가 안정된 생활을 할 수 있게 하기 위한 것이기도 하지만, 자녀들이 부모를 봉양함에 있어 경제적인 어려움을 겪는 일을 최대한 없애기 위한 것이란다. 이렇게 하면 자녀가 부모를 모시는 것을 기피하는 경우가 현저히 줄어들 거고 아울러 유효수요를 창출하는 것이 되어 경제활성화에도 도움이 된단다.

그리고 부모를 모시고 사는 세대가 주택구조의 변경 또는 새로운 주택 구입을 위해 자금지원을 요청할 경우 연리 1퍼센트 정도의 주택융자를 해야 할 것이다.

여론조사를 통해 부모세대에게 늙으면 자녀들과 함께 살기를 원하느냐고 물으면 80퍼센트 이상은 따로 살겠다고 대답한다는구나. 그리고 자녀세대에게 부모를 모시고 살기 원하는지 물으면 90퍼센트 이상이 부모를 모시고 살기를 원하지 않고 말이야. 이것은 잘못된 인식이며 인륜을 위반하는 것이란다. 물론 이렇게 생각할 수밖에 없는 사회환경이 문제이긴 하지만 이는 고쳐나가야 한단다.

노인복지의 경우 노령연금을 지급하거나 노인복지시설을 확충하는 것으로 노인복지가 실현되는 것으로 판단해서는 안 된단다. 자녀가 부모를 모시고 살 수 있도록 하는 것을 기본으로 하고, 부모를 모시고 살 자녀가 없는 경우 노인들이 편히 살 수 있는 정책을 강구해야 하지.

다섯째, 장애인에게 매월 40만 원 이상의 소득을 보장한다. 장애인의 경우 그 치료와 요양을 국가가 책임지는 것은 물론 재산의 다과, 부양가족의 유무와 상관없이 1급은 매월 70만 원, 2급은 매월 60만 원, 3~4급은 매월 50만 원, 5~6급은 매월 40만 원 정도의 소득을 보장해야 한단다.

지금 우리나라에는 중증장애인(장애등급 1, 2급)에게 매월 6만 원, 경중장애인(장애등급 3~6급)에게는 매월 2만 원의 장애수당을 지급하고 있는데, 지원대상이 국민기초생활보장법상의 수급자여야 한단다. 지원대상이 되기 어려운 데다 지원액이 한 달에 불과 2만 원 또는 6만 원이니 장애인에 대한 지원이 얼마나 빈약한지 알 수 있지.

장애아동을 둔 보호자에게도 장애아동부양수당을 지급하고 있는데 국민기초생활보장법상의 수급자로서 만 18세 미만의 1급 장애아동 보호자에 국한하고 있고 그 액수가 겨우 5만 원이란다. 이 돈으로 어떻게 장애아동을 부양할 수 있겠니? 결국 장애아동을 가진 가정에서는 자력으로 장애아동을 책임져야 하는 상황이지. 집안에 장애인 어린이가 있으면 그 집안은 경제적으로나 사회적으로 엄청난 어려움을 겪게 된단다. 이런 일이 없도록 해야지.

여섯째, 노숙자를 없애야 한다. 노숙자는 수용시설에 수용하고 소정의 자활훈련을 받게 해서 가정을 이루어 살 수 있게 해야 한단다. 노숙자로 있으면 각종 사회보장제도의 혜택을 받지 못할 수 있거든.

일곱째, 공공근로를 원하는 모든 사람에게 일자리를 제공한다. 국가는 공공근로, 곧 사회적 일자리를 무제한으로 공급하여 하루 8시간, 일주일에 5일, 한 달 동안 일한 사람에게는 매월 법정 최저임금 이상을 지급해야 한단다. 이 사회적 일자리의 제공은 빈곤층의 기본생활을 국가가 보장하기 위한 것이기도 하지만 경제를 활성화하기 위한 것이기도

사회적 일자리의 제공 대상은 주로
실업자, 노인, 장애인, 가정주부 등이야.
하는 일은 종래의 환경정비사업은 물론 노인도우미,
장애인도우미 등 사회복지 관련 일자리가 될 것이다.

하단다.

흔히 ‘일자리창출’을 약속하지만 제조업이나 사무·유통업의 일자리는 더 늘어나기가 어렵단다. 오히려 일자리가 대폭 줄어든다는 것을 전제하고서 대책을 세워야 한단다. 사람은 일을 하면서 살아야 행복할 수 있기 때문에 어떤 형태로든 일자리는 있어야 하거든. 그래서 국가가 사회보장비로 사회적 일자리를 공급해야 하는 거란다.

사회적 일자리의 제공 대상은 주로 실업자, 노인, 장애인, 가정주부 등이야. 하는 일은 종래의 환경정비사업은 물론 노인도우미, 장애인도우미 등 사회복지 관련 일자리가 될 것이다.

그런데 국가가 이렇게 많은 일자리를 공급하려면 엄청난 돈이 들 텐데 그것이 가능할까 하는 의문이 들 거야. 그러나 일자리는 줄지만 생산되는 재화와 용역의 양은 더 늘어나기 때문에 어떤 형태로든 그 나라 국민은 잘살 수가 있게 되어 있단다.

이런 식으로 사회적 일자리를 제공할 경우 대략 500만 명 정도가 공공근로에 참여할 가능성이 있는데 이에 드는 비용은 40조 원 정도란다. 그러나 이렇게 공공근로에 참여하는 사람에게 최저임금에 해당하는 85만 원 정도를 지급할 경우 노인이나 장애인 상당수가 공공근로를 하게 됨으로써 국민기초생활보호대상자에게 지급하려는 돈이 절약될 거야. 이렇게 해서 모든 국민의 기본생활을 국가가 보장해야 한단다.

한 달에 약 80만 원을 받고 일을 할 계층이면 생활이 대단히 어려운 사람들일 거야. 이들에게 이런 소득을 보장하면 유효수요(구매력)가 크게 증대하여 경제가 활성화된단다. 뒤에서 밝히겠지만 예산이 없어서 사회보장제도를 실시하지 못하는 것이 전혀 아니란다. 근본적으로 인간답게 살 수 있는 나라를 만들고자 하는 꿈과 의지가 있어야 한단다. 자기만 잘 사는 것이 과연 잘 사는 것인지 자문해보면서 모두가 인간답게 살 수 있도록 노력해야 하겠구나.

이상과 같이 국가는 모든 국민의 기본생활, 곧 의식주와 의료 및 교육을 보장하고, 노인과 장애인의 인간다운 삶을 보장하며, 노숙자가 안정된 생활을 할 수 있게 해야 한단다. 그리고 일을 하고자 하는 사람 모두에게 일자리를 주어야 하지. 이것은 국가가 공짜로 해주는 것이 아니란다. 사회보장의 혜택을 받는 사람들도 국가를 위해서 봉사한 일이 있을 수 있다는 점에서 국민이 스스로 돕는 것이지. 국가로 하여금 이런 일을 하게 하지 않으려면 국가를 존속시킬 필요가 없을 거야.

왜 사회보장제도를 확립해야 하나?

동빈아! 내가 앞에서 사회보장제도를 왜 확립해야 하는지에 대해서 많은 설명을 했지? 여기서는 사회보장제도를 확립해야 할 근본적인 이유와 더불어 현실적인 이유에 대해 앞에서 미처 설명하지 못한 부분을 보충해두고자 한다.

앞에서 말했듯이 정보문명시대의 도래에 따라 사회보장제도를 더 강화해야 하는데도 불구하고 사회보장제도의 실시를 반대하는 사람이 대단히 많단다. 최근에는 서유럽의 선진복지국가들도 사회복지비를 축소하는 경향이 있다면서 이것을 사회보장제도 반대의 명분으로 삼고 있구나. 그러면 우선 서유럽복지국가들이 사회복지비를 축소하는 것이 과연 타당한지 한번 검토해보자.

정부는 당장 경제가 어려워지니 기업의 투자 활성화를 위해 세금을 줄여주려고 사회복지비를 축소하고 있단다. 그리고 오랜 기간 사회보장제도를 완벽할 정도로 실시해온 데 따른 부작용, 곧 '영국병' '독일병'이라는 노동기피현상을 극복해보고자 사회복지비를 축소하는 경향도 있어 보이는구나. 그러나 그 나라들이 우리나라 일부 언론들이 떠드는 것만큼 사회복지비를 줄이는 것은 전혀 아니란다. 국가예산의 50퍼센트 이상을 사회복지에 투입하던 것을 4~5퍼센트 정도 줄이는 것이거든. 즉 사회복지비를 줄여도 우리나라와는 비교도 할 수 없을 정도로 복지비 지출이 많지. 경제협력개발기구OECD 30개 국의 평균 공공복지비 지출이 국내총생산GDP의 20.5퍼센트인데 비해 우리나라는 그 3분의 1 정도인 6.9퍼센트란다. 서유럽복지국가들의 경우 스웨덴 28.9퍼센트, 덴마크 29.2퍼센트, 프랑스 28.5퍼센트 등 30퍼센트에 가깝고, 미국 14.8퍼센트, 일본 16.9퍼센트, 멕시코 11.8퍼센트, 터키 13퍼센트라고 하는구나.

앞에서 지적했듯이 우리나라 언론들이 선전하는 것만큼 사회복지비를 줄이는 것은 아니지만 서유럽 복지국가들이 사회복지비를 줄이는 것은 사실이지. 일찍부터 사회복지비를 줄이고 해고의 자유를 확대하는 신자유주의를 채택해왔던 영국이나 미국과는 달리 서유럽 복지국가들은 사회민주주의를 고수하면서 정보문명시대의 도래에 따른 대량실업 등에 ‘사회적 합의Social Corporatism’로 대처해왔단다. 그러나 이것이 한계에 부딪히면서 사회복지비를 삭감하고 해고의 자유를 확대하는 신자유주의로 선회하고 있지. 독일의 슈뢰더 전 총리가 제안했던 ‘아젠다 2010’이 그 전형이지.

영국과 미국의 경우 복지비를 삭감하고 해고의 자유를 확대하는 신자유주의를 채택해서 한때 경제위기를 극복한 점이 있지. 그리고 이러한 정책이 근본적인 대책이 될 수는 없지만 복지제도를 오랫동안 실시해온 나라에서 한 번쯤은 겪어야 할 과정으로 볼 수도 있을 거야.

그러나 영국이나 미국은 물론 서유럽 복지국가들이 정보문명시대의 도래에 따른 대량실업과 소득양극화의 문제를 복지비를 삭감하고 해고의 자유를 확대하는 신자유주의로 해결하려는 것은 어리석은 일이란다. 더욱이 영국이나 미국의 경제가 정상화되지 못하고 있는 것이 바로 신자유주의 정책의 근본적인 한계를 말해주는 것이니 말이다. 오히려 복지비를 늘려 사회적 일자리를 더 확보하면서 정보문명시대의 도래에 따른 산업구조의 변화에 적극적으로 부응해야 할 거야.

선진 각국들은 지금 중국이나 인도 등 신흥공업국 때문에 제조업이 약화되었는데 이들 신흥공업국들은 ‘저개발의 이익’을 보고 있단다. 그동안 저개발로 많은 고통과 불이익을 당해온 신흥공업국들이 세계화 추세 속에서 어느 정도의 경제적 이익을 거두어 경제발전을 이루는 것은 다행한 일이지만 한국을 포함한 선진 공업국들이 이에 제대로 대처하지 못해 경제위기를 겪는 것은 안타까운 일이 아닐 수 없지. 그렇다고 해서 미국처럼 금융이나 문화를 앞세워 경제적 후진국들을 지배하려는 것은 옳지 않지. 선진공업국들도 당연히 제조업을 활성화해야 하는데 이렇게 하기 위해서는 사회보장제도를 강화해서 국가경쟁력을 확보해야 한단다.

그리고 서유럽 복지국가들이 겪고 있는 노동기피현상은 노동 속에서 보람과 기쁨을 누릴 수 있게 하는 경제체제와 가치관을 강구하지 못했기 때문이란다. 따라서 이에 대한 인식 없이 복지비를 삭감하는 방법으로 이런 현상을 극복해보고자 하는 것은 옳지 않단다. 산업의 정보화에 따라 사회적 생산력이 고도화함으로써 이제야말로 자아실현의 노동과 인간해방을 실현할 수 있는 사회경제적 조건을 확보했거든. 그렇기 때문에 자아실현의 노동과 인간해방을 실현할 이념과 정책을 강구해야 하는데도 그렇게 하지 못함으로써 발생하는 노동기피현상에 '일하지 않으면 먹고살 수 없다' 는 전근대적인 방식으로 대응하니 아무것도 해결되지 않는 거란다. 요컨대 정보문명시대의 도래에 따른 대량실업과 소득양극화에 올바로 대처하기 위해서는 사회복지비 지출을 오히려 늘리면서 경제운용의 원리와 가치관을 재정립해야 한단다. 그러면 사회보장제도를 확립해야 할 현실적인 이유들을 알아보기로 하자.

1. 국가경쟁력 강화를 위해

자본과 노동력의 국제적 이동이 일상화하는 세계화시대에는 임금과 물가가 국가경쟁력을 결정하는 중요한 요소가 되는데 임금과 물가를

정리해고를 할 수 있으려면 해고된 사람이
살아갈 대책이 확립돼 있어야 한단다. 사회보장제도의 확립
없이 정리해고를 하려고 하면 엄청난 저항이 발생하고,
이로 말미암은 경제적 손실은 대단히 크지.

중심으로 한 국가경쟁력을 강화하기 위해서는 사회보장제도를 실시해야 한단다.

경쟁상대국에 비해 임금과 물가가 높을 경우 자본은 유출되고 수입은 격증함으로 국가경쟁력이 약화되기 쉽단다. 이 경우 의료비와 교육비 등을 국가가 부담함으로써 임금과 물가를 떨어뜨려 자본유출과 노동력 유입, 수출부진과 수입격증을 막을 수 있어야 한단다.

2. 사회구조조정을 뒷받침하기 위해

정보화와 세계화에 따른 문명의 전환은 사회구조의 전면적 변화를 가져온단다. 이러한 변화에 부응하기 위해서는 사회 각 부문이 나름대로 새로운 모색, 곧 개혁을 해야 하는데, 이렇게 하는 데에는 많은 어려움이 따르지. 이 어려움을 감당할 수 없으면 저항세력이 형성되어 개혁에 실패한단다. 자칫하면 사회가 붕괴할 수도 있지. 설사 사회가 붕괴하는 지경에까지 이르지는 않더라도 엄청난 손실을 보게 되지. 이런 저항과 손실 없이 시대의 변화에 맞게 개혁이 이루어져야 하는데, 이렇게 하기 위해서는 이 변화로 말미암아 생존을 위협당하는 일이 없도록 안전장치가 마련되어 있어야 한단다. 이 안전장치가 바로 사회안전망으로서의 사회보장제란다.

이러한 변화는 기업경영에서 가장 두드러지게 나타난단다. 앞에서 말한 대로 산업의 정보화는 필연적으로 노동인력의 감축, 곧 정리해고를 포함한 기업구조조정을 불가피하게 하는데, 정리해고를 할 수 있으려면 해고된 사람이 살아갈 대책이 확립돼 있어야 한단다. 사회보장제도의 확립 없이 정리해고를 하려고 하면 엄청난 저항이 발생하고, 이로 말미암은 경제적 손실은 대단히 크지.

3. 교육에서의 평준화정책을 폐지하기 위해

우리사회에는 고교평준화문제를 둘러싸고 논란이 심하단다. 한편에서는 고교평준화는 학교의 학생선발권과 학생의 학교선택권을 봉쇄하는 제도일 뿐 아니라 학생들의 능력이나 적성의 차이를 무시하고 학교와 학급에 배치하기 때문에 결과적으로 하향평준화를 가져와 국가경쟁력을 떨어뜨린다고 말한단다. 또 다른 한편에서는 고교평준화제도를 폐지하면 중학교 때부터 입시열풍이 불어 과외수업이 성행하고 사교육비가 늘어나 결국 부자 자녀들만 좋은 학교에 들어갈 수 있기 때문에 고교평준화는 유지해야 한다는 거지.

동빈아! 네 생각은 어떠니? 고교평준화제도를 폐지하면 중학교 때부터 입시경쟁이 치열해져 사교육비가 더 많이 들지 않을까? 그러니 고교평준화제도를 유지해야 할까?

내 생각으로는 고교평준화제도는 없애야 한다고 본단다. 고교평준화제도는 교육의 하향평준화를 가져와 국가경쟁력을 떨어뜨리기도 하지만 학생 개개인이 자기의 적성과 능력을 충분히 발휘할 수 없게 만들기 때문에 폐지하는 것이 옳을 거야.

여기서 문제가 되는 것은 좋은 학교를 나오지 못한 사람도 인간답게 살 수 있게 해야 한다는 것이지. 좋은 학교를 나오지 못하거나 경쟁에서 패배하더라도 인간답게 살 수 있다면 일류학교에 들어가지 못했다고 낙담할 필요가 없거든. 그러나 지금 우리나라에서는 일류학교를 나오지 못하거나 경쟁에서 패배하면 비참한 생활을 강요받게 되는데, 이런 상황에서는 일류대학에 들어가고 경쟁에서 이기기 위해 안간힘을 쓸 수밖에 없지. 이러니 고교평준화라도 해서 이런 현상을 줄여보고자 하는 것인데, 이것은 올바른 방법이 아니란다. 고교평준화를 실시한다고 해서 소득에 따른 교육차별이 없어지는 것이 아니거든. 그리고 누구나 일류대학에 들어갈 수 있는 것도 아니고 말이다. 고교평준화제도를 유지해도 소득에 따른 교육차별은 이루어지고 있고 일류대학에는 돈 많은 사람들이 주로 들어가며 사회 전반적으로 불평등이 심화되고 있거든.

그러면 어떻게 해야 할까? 고교평준화제도를 유지할 것이 아니라 고교평준화제도를 폐지해서 우수한 학생은 우수한 학생끼리 모여 열심히 공부할 수 있게 하되, 능력이 부족하거나 적성이 달라 이른바 일류학교를 나오지 못한 사람도 인간답게 살 수 있게 해야 한단다.

특히 지식과 기술이 사회발전과 국제경쟁의 핵심적 요소가 되는 지식기반사회에서 지식과 기술 개발에 장애가 되는 평준화정책을 채택하는 것은 국가적으로 엄청난 손실을 초래한단다. 지금 한국이 여러 어려운 조건 속에서도 그런대로 발전해온 것은 교육의 힘이었고, 또 지금 엄청난 경제침체에도 불구하고 버티고 있는 것은 대기업들이 세계 첨단의 기술을 보유하고 있기 때문이 아니겠니? 이런 뛰어난 기술이 어디서 나오겠니? 능력이 있건 없건 평등해야 한다는 이념에 사로잡혀 능력 발휘의 기회를 봉쇄한다면 어떻게 이런 세계 제일의 기술이 개발될 수 있겠니? 이처럼 평준화정책을 강행해서 나라가 어려워지면 능력이 취약한 사람이 더 많은 어려움을 겪게 된단다.

4. 사회를 평화롭게 하기 위해

범죄를 줄이고 사회의 각박함을 완화해서 사회를 평화롭게 하기 위해서도 사회보장제도를 확립해야 한단다. 자기 것 없으면 굶어죽는 세상에서는 절도나 강도 등의 범죄가 일어나게 마련이지. '사흘 굶어 남의 집 담 넘지 않을 사람 없다'는 말이 있지. 물론 범죄나 사회의 각박함이 사회보장제도가 확립되어 있지 못한 때문만은 아니겠지만 사회보장제도를 확립하면 범죄가 줄고 사회가 한결 평화롭게 될 거야.

5. 자원의 낭비를 막기 위해

질병, 노후, 실업 등에 대해 '사회보장'이 안 되니 '개인보장'을 하게 되는데, 이렇게 되면 자원이 훨씬 많이 들게 된단다. 즉 자원의 낭비가 발생하게 되지. 사회보장이 되어 있다면 노후나 기타 재난에 대비해 많은 재산을 보유할 필요가 없을 텐데 사회보장이 안 되니 개개인이 노후나 기타 재난에 대비하기 위해 힘닿는 한 많은 재산을 보유하게 되거든. 이것은 국가적으로 보면 자원의 낭비가 아닐 수 없지.

　동빈아! 우리나라도 사회보장제도를 실시하고는 있단다. 그렇지만 잘못되어 있기 때문에 국민들이 안심하고 살 수가 없단다. 사회보장제도에 투입하는 예산이 많지 않은 것도 문제지만, 그나마 그 예산을 엉뚱한 방향으로 집행해서 사회보장재원을 낭비하는 경우가 대단히 많은 것이 더 큰 문제란다. 그래서 우리나라 사회보장제도의 문제점을 시정하기 위해서는 어떤 원칙에 입각해서 사회보장제도가 실시되어야 하는지를 밝혀두고자 한다.

　첫째, 전 국민을 사회보장제도의 대상으로 하는 보편주의를 채택해야 한다.

　우리나라의 사회보장제도는 생활능력이 없는 정도를 넘어 죽을 지경에 처한 사람에게만 혜택이 주어지고 있는데 이래서는 안 된단다. 이런 사람을 대상으로 하는 사회보장제도가 따로 있어야 하는 경우도 많지만 기본적으로 전 국민을 대상으로 하는 사회보장제도가 확립되어야 한단다. 무상의료, 무상교육, 노령연금 등으로 전 국민이 사회보장의 혜택을 받도록 하고, 실업이나 장애 등에 대해서는 특별한 혜택을 주는 사회보장제도여야 할 것이다. 이렇게 해야 사회보장 혜택에서 제외되는 사람이 없을 뿐 아니라 인간으로서의 존엄이 훼손되는 일도 없단다.

　둘째, 사회보장제도가 특혜가 되지 않게 해야 한다.

사회보장제도란 기본적으로 소득이 많은 사람들이 세금을 많이 내서 소득이 적거나 없는 사람을 돕기 위한 제도인데, 우리나라의 사회보장제도는 소득이 많은 사람에게 더 많은 혜택을 주고 소득이 없거나 적은 사람에게는 아무런 혜택을 주지 않고 있단다. 이것은 사회보장제도의 취지에 근본적으로 배치되는 것이지. 공무원연금, 사학연금, 군인연금 등이 대표적인 예고 국민연금도 그런 것이나 마찬가지란다. 공무원이나 교사, 교수, 군의 장교, 하사관 등 생활이 안정되어 있는 사람들에게는 생활을 하고도 남을 정도의 연금이 지급되는 데 비해 실업자나 일용직, 영세자영업자 등은 국민연금조차 받을 수 없는 사람이 많으니 이를 어찌 생활능력이 없는 사람을 보호하기 위한 사회보장제도라고 할 수 있겠니?

국민연금은 국민의 기본생활을 보장할 수 있는 것이 되어야 하는데 그렇지 못하단다. 보험료를 내지 못해 가입하지 못한 사람이 많은 데다 가입한 경우에도 65세 이상이 되어야 한 달에 겨우 15만 원 정도를 받는 사람이 대부분이니 말이다. 공무원연금이나 사학연금, 군인연금과는 비교조차 할 수 없을 정도지. 부자라서 보험료를 많이 내는 사람은 연금을 많이 받고 가난해서 보험료를 적게 내는 사람은 15만 원 정도의 연금을 받는데, 이것은 합리적인 것 같지만 사회보장제도의 취지에는 위배된단다.

셋째, 복잡한 제도를 과감히 정비해서 간소화해야 한다.

사회보장 관련 법령의 내용이 너무 복잡하고 어려워서 일반 국민은 그 내용을 제대로 파악하기 어렵단다. 조건과 절차가 너무 복잡해서 국민에게 주어지는 복지금액보다 이를 집행하는 복지요원들에 대한 경비가 더 많을 지경이거든. 법령이 복잡하면 비용이 많이 들어서도 옳지 않지만 수혜자가 법령의 내용을 알기 어려워 혜택을 받을 수 없는 경우가 많아지기 때문에도 옳지 않단다. 그리고 법령의 내용이 복잡하고 수혜 조건이 까다로우면 업무담당자가 어떻게 조치하느냐에 따라 수혜자가 결정될 가능성이 많기 때문에 부정이 발생하게 마련이란다. 따라서 수시로 선심 쓰듯이 만들어온 법률들을 폐지하고 국민기초생활법과 사회보장기본법으로 통합하는 것이 옳을 것이다.

넷째, 사회보장예산을 대폭 확대해야 한다.

근본적으로 우리나라는 사회보장제도를 실시할 의지가 없는 것이 문제란다. 이것은 사회보장예산이 적은 데서 확인되지. 앞에서 지적한 대로 여러 가지 고쳐야 할 것이 많이 있지만 근본적으로 예산을 획기적으로 늘려야 한단다. 서유럽 복지국가들의 경우 국가예산 가운데 사회보장비가 차지하는 비중이 40퍼센트 내지 60퍼센트나 되는데 우리나라는 약 15퍼센트밖에 안 된단다. 이래서는 근본적으로 복지국가가 될 수 없지.

그런데 동빈아 '사회임금'이란 것이 있단다. 사회임금이란 노동자가 노동의 대가로 받는 임금, 곧 '시장임금'과 대비되는 개념으로 국가로부터 사회보장비로 받는 실업수당과 보육지원금, 기초노령연금 등 사회적으로 받는 급여를 말한단다. 최근의 한 통계를 보면 한국 가정의 총 가계운영비 가운데 '사회임금'이 차지하는 비중은 7.9퍼센트로 OECD 회원국 평균인 31.9퍼센트보다 크게 낮더구나, 너무나 당연한 결과지. 우리나라는 사회보장제도를 제대로 실시하지 않는 나라니 말이다.

　사회공공연구소라는 연구기관이 조사해서 발표한 바에 따르면 OECD 30개 회원국 가운데 사회임금 비중이 가장 높은 나라는 대표적 복지국가인 스웨덴으로 무려 48.5퍼센트에 달하고, 프랑스는 44.2퍼센트, 독일은 38.8퍼센트라고 하는구나. 이들 복지국가에서는 가계운영비의 절반에 육박하는 돈을 국가로부터 지원받고 있는 셈이지. 일본은 복지국가로 분류되고 있지 못한데도 사회임금 비중이 30.5퍼센트나 되어 OECD 평균에 가깝더구나.

사회보장제도의 비용을 어떻게 조달할 것인가?

　동빈아! 사회보장제도를 실시해야 한다고 주장하면 두 가지 이유를 들어 반대하는 경우가 많지. 하나는 예산이고, 다른 하나는 복지망국론이란다. 복지망국론은 뒤에서 검토해보기로 하고 여기서는 예산, 곧 비용문제를 한번 따져보자. 과연 예산이 없어서 사회보장제도를 실시하기 어려운지 말이다.

　결론부터 말하면 돈이 없어서 사회보장제도를 실시할 수 없는 것은 아니란다. 사회보장제도를 실시하려면 지금보다 약 30퍼센트 정도의 세금을 더 거두어야 한단다. 그러나 의료비와 교육비를 부담하지 않아도 되고 질병, 노후, 실업 등에 대비해서 개인적으로 대책을 강구해둘 필요도 없기 때문에 사회보장제도가 확립되면 지불하지 않아도 될 돈이 많아진단다.

2008년 기준으로 사회보장제도를 완벽하게 실시할 경우 약 120조 원의 예산이 필요한데, 사회보장제도를 완벽하게 실시하지 않으면서도 우리가 부담하는 사회보장 관련 예산이 약 60조원 정도니 60조 원의 예산만 더 투입하면 완벽할 정도의 사회보장제도를 실시할 수 있단다. 국민이 약 60조 원 정도의 돈을 더 부담한다면 빈곤이나 질병, 교육, 노령, 장애, 실업 등으로 말미암아 경제적으로 고통을 겪는 일은 없을 거란다. 그야말로 '요람에서 무덤까지' 편안한 생활을 할 수 있는 거지.

그런데 정부가 국가예산을 불필요한 곳에 쓰지만 않아도 사회보장예산의 상당 부분을 조달할 수 있단다. 논공행상을 위해 신설한 고위공직 그리고 하는 일이 없는데도 여론주도층이나 관계자들의 호감을 얻기 위해 만들어둔 위원회만 없애더라도 예산을 크게 절감할 수 있지. 여기에다 문제가 생길 때마다 임시방편으로 지출하는 경비 등을 합하면 20조 원 이상이 될 거란다.

그리고 앞에서 지적한 대로 우리나라는 사회보장이 잘 안 되어 있기 때문에 많은 사람들이 개인적으로 질병, 교육, 실업 등에 대처하고 있는데 이에 따른 비용이 엄청나지. 그 비용을 보면 우선 의료비로 개인이 부담하는 돈이 약 13조 원, 생명보험료로 연간 약 50조 원을 내는 데다 암보험, 교육보험 등 세기조차 어려울 정도로 사회보장을 위해 많은 돈을 지출하고 있단다. 1년에 보험료로 내는 돈이 약 60조 원 이상 되는데 만약 사회보장제도가 확립되어 있다면 이 가운데 약 40조 원 이상을 내지 않아도 될 거야. 그리고 퇴직금으로 기업이 부담하는 돈이 연간 약

30조 원 정도인데 이 돈도 사회보장이 제대로 되어 있다면 크게 줄어들 수 있단다. 연말연시나 추석 때 내는 불우이웃돕기성금, 수재의연금 등도 거의 낼 필요가 없지. '불우이웃돕기'를 매년 한다는 것은 기만과 수치의 극치란다.

무엇보다 장학금이 문제란다. 장학금으로 들어가는 돈이 1년에 최소 6조 원(교육비용의 약 15퍼센트)은 된단다. 사회보장제도의 확립으로 교육비를 국가가 부담한다면 한국식 장학금 제도는 없어도 되지.

이처럼 우리나라는 사회보장제도를 실시하지 않음으로써 들어가는 비용이 엄청나단다. 위에서 지적한 대로 1년에 최소 100조 원은 된단다. 결국 약 60조 원 정도를 더 들여 사회보장제도를 완벽하게 확립한다면 지불하지 않아도 될 돈을 지불하고 있는 셈이지.

사회보장비용을 위와 같은 관점에서 검토해본 것은 사회보장제도를 확립하지 않는다고 해서 비용을 지불하지 않아도 되는 것이 아님을 밝히기 위한 것이란다. 세금이 아닌 준조세 형태로 돈을 지불하게 할 것이 아니라 세금을 거둬 사회보장제도를 확립하는 것이 오히려 경제적으로 이익이 되거든. 건강보험료, 국민연금보험료, 수업료, 대학등록금, 생명보험료, 교육보험료, 각종 성금, 각종 기금, 장학금 등의 상당 부분을 세금으로 충당해 국가가 이를 체계적으로 관리해야 돈을 효과적으로 사용할 수 있단다.

사회보장제도와 관련한 어리석은 생각들

1. 예산타령의 허구성

앞에서 검토해본 것처럼 사회보장제도를 완벽하게 실시하는 데는 불과 60조 원 내외의 추가부담이 있을 뿐이란다.

정부는 돈이 없어 사회보장제도를 실시할 수 없다면서도 경제위기가 닥치자 국민들에게 돈을 나눠주다시피 했단다. 2007년 정부는 저출산이 문제라면서 출산을 장려하기 위해 5년 동안에 무려 20조 원을 투입하겠다고 발표한 일이 있지. 출산장려에 연간 4조 원씩이나 투입하면서 왜 60조 원 정도 더 들여 완벽한 사회보장제도를 확립할 생각을 하지 않을까? 의지도 없고 방법도 모르기 때문이란다.

2. 복지망국론의 허구성과 기만성

사회보장제도를 실시해야 한다고 주장하면 '복지망국론'을 펴면서 반대하는 사람들이 있단다. 즉 일을 하지 않아도 먹고살 수 있다면 일할 사람이 어디 있겠냐는 거지. 과연 우리나라가 복지망국론을 걱정해야 할 처지에 있을까?

서유럽 복지국가들이 '영국병'이나 '독일병' 등 '복지병'을 앓아온 것은 사실이란다. 그러나 이들 나라들이 경제적 어려움을 겪는 것을 복지 때문으로만 생각하는 것은 잘못이지. 사회보장제도로 말미암아 노동기피현상이 만연했던 것도 사실이지만 그것은 기회보장성 생산적 사회보장제도의 확립과 자아실현의 노동 및 인간해방을 실현할 수 있는 이념의 채택으로 해결해야 할 일이란다. 사회복지를 없애거나 줄이는 것으로 해결할 수 있는 문제는 아니지. 오늘날 서유럽 복지국가들이 복지비를 삭감했음에도 불구하고 경제침체를 극복하지 못하고 있는 것은 이런 근본적인 대책을 강구하지 않고는 경제침체를 극복할 수 없음을 말해주는 것 아니겠니?

그런데 동빈아! 이처럼 사회보장제도 반대자들이 사리에 맞지 않는 주장을 펴고 있는데도 이를 효과적으로 논박하지 못하고 있는 것이 우리의 실정이란다. 주요 언론을 중심으로 지식인의 대부분이 반복지적인 입장에 서 있다 보니 복지망국론의 허구성에 대한 지적은 힘을 얻지 못하는 거지. 이로 인해 사회보장제도를 꼭 필요로 하는 일반 국민들조차 복지는 경제를 어렵게 할 수 있다고 믿는 경우가 많단다. 우리는 '복지망국'을 걱정할 게 아니라 '무복지망국'을 걱정해야 할 형편이란다. 사회보장제도의 중요성에 대한 새로운 인식이 있어야 하겠구나.

3. 불우이웃돕기의 위선과 무책임

불우이웃돕기는 연중행사가 되어 있단다. 불우이웃을 도와야 하는 것은 너무나 당연한 일이지. 그러나 근본적으로 불우이웃이 없도록 해야 하지 않겠니? 매년 불우이웃돕기를 하는 것은 불우이웃에 대한 참된 사랑이 없음을 의미하는 것이 아닐 수 없지. 이런 점에서 정치나 사회운동을 하는 사람들이 매년 꼭 같은 형태의 불우이웃돕기를 하는 것은 무책임한 일이란다.

경제발전의 수준이 낮아 의식주마저 해결할 수 없는 상태라면 불우이웃이 존재하더라도 어쩔 수 없겠지만 절대빈곤층을 없앨 수 있는 사회경제상황이 되었는데도 절대빈곤층의 존재를 방치해두는 것은 크나큰 죄악이란다. 지금 우리나라에 불우이웃이 존재하는 것은 불가피해서가 아니고 불우이웃을 방치해두었기 때문이라고 봐야 할 거야.

한 예를 들어보자. 지난 2006년 초 결식아동을 위해 방학 때 도시락을 공급했는데, 그 도시락이 너무 부실해서 사회문제가 된 일이 있단다. 도시락 값이 2500원밖에 안 돼 이 값으로는 부실한 도시락이 공급될 수밖에 없다는 결론에 이른 보건복지부는 결식아동용 도시락값을 2007년부터 4000원으로 인상하겠다고 발표했지. 말하자면 결식아동용 도시락 파문에 대한 대책은 도시락 값을 4000원으로 인상하는 것이었지.

이래도 되는 걸까? 결식아동이 없도록 해야 하지 않겠니? 점심을 못 먹는 아동들이 아침이나 저녁은 제대로 먹을 수 있을까? 아침과 저녁 대책은 없어도 되는 걸까? 정부는 이런 문제들을 진지하게 생각해보고 근본적인 대책을 강구해야 한단다.

그리고 점심을 거르는 결식아동을 위한 정책이라 하더라도 도시락을 공급할 것이 아니라 도시락값을 돈으로 지급해야 한단다. 방학동안 전국에 약 25만 명의 결식아동에게 도시락을 공급한다는데, 도시락값보다 도시락 배달비용이 더 들지 않겠니?

출산율이 낮다고 출산비용을 지원하겠다는 것도 마찬가지란다. 출산비 부담만 없으면 아이를 낳으려는 국민은 별로 없을 것이니 말이다. 근본적으로 중고등학교 보내고 대학 보내기가 힘들어 아이를 낳지 않으려는 것인데도 눈앞의 문제에만 접근하고 있단다. 출산장려비마저 지원하지 않는 것보다야 낫겠지만 그런 지원이야말로 사태를 호도하며 예산을 낭비하는 거지.

우리사회에는 이런 것이 한두 가지가 아니란다. 그때그때 땜질식으로 우선 문제되는 것을 적당히 넘기려고만 할 뿐 근본적인 대책을 강구하지 않는 거지. 그러다보니 비용만 많이 드는 거란다.

4. 장학금 제도의 기만성과 특혜성

동빈아! 장학금 받으면 기분 좋지. 그런데 장학금을 왜 줄까? 장학금을 주는 이유는 다양하지만 우리나라의 장학금 제도는 기본적으로 성적이 우수한데도 학업여건이 좋지 못해 공부를 계속하기가 어려운 학생에게 학자금을 지급하는 제도지. 성적이 우수한데도 공부할 여건이 되지 못한다면 주위에서 도울 필요가 있지. 그런 점에서 장학금 제도는 좋은 제도란다.

그래서 우리사회에는 장학금을 지급하는 곳이 많고 또 의미 있는 일로 평가되고 있단다. 지난날 공부를 하고 싶은데도 돈이 없어 공부를 못하는 학생들이 많을 때 그들을 돕는 것은 참으로 고마운 일이었지. 그리고 온갖 간난신고를 겪으면서 한푼 두푼 모은 돈을 장학금으로 내놓는 사람들의 갸륵한 마음은 높이 숭상되어야 할 거야. 그러나 시대가 바뀐 지금은 장학사업에 대한 근본적인 재검토가 있어야 할 것 같구나. 국민 소득이 2만 달러 가까이 되고 세계 제11위의 경제대국 운운하며 선진국 대열에 들어서려고 하는 나라에서 아직도 돈이 없어 공부를 못 하는 학생이 있어서야 되겠니? 정책당국자들이 마음만 먹으면 돈이 없어 공부를 못 하는 학생이 없도록 할 수 있거든.

장학금 제도를 둘 것이 아니라 장학금 없이도 공부할 수 있는 사회를 만들어야 한단다. 돈이 없어 공부를 못하는 학생이 없도록 하겠다는 마음을 가져야 복지사회를 만들 수 있단다. 이런 사회를 만들려는 꿈과 의지 없이 장학재단이나 만들려는 꿈을 갖고 있는 한 불우한 학생은 계속 나올 수밖에 없단다.

5. '나눔운동' 의 시대착오성

동빈아! 요즘 '나눔'이 강조되고 있는 것 알고 있지? 나눔처럼 좋은 것이 어디 있겠니. '사랑은 나눌수록 커지고 아픔은 나눌수록 작아진다'는 말이 있는데 맞는 말이지. 특히 경제가 어려워져 생계마저 유지할 수 없는 사람이 많아지면서 나눔이 더욱 강조되고 있지. 어려운 사람이 많건 적건 나눔의 삶을 사는 것은 더 없이 소중한 일이란다. 사실 인간이 다른 동물과 다른 점은 나눔에 있을 거야. 그만큼 나눔은 인간으로서 갖추어야 할 기본적인 성품이라 할 수 있지.

그런데 동빈아! 내가 앞에서 어떤 일도 시대상황에 따라 그 의미가 달라진다고 말했었지? 나눔도 시대상황에 따라 그 의미가 달라지는 거란다. 지금 우리사회는 국가가 사회보장제도를 통해서 해결해야 할 일을 나눔운동으로 해결하고 있단다. 앞에서 말한 것처럼 '20 대 80의 사회'에서는 나눔운동으로 빈곤문제를 해결할 수 없단다. 사회보장제도의 전면적 실시를 통해서만 해결할 수 있지. 그런데도 나눔운동으로 빈곤층의 문제를 해결할 수 있는 양 말하면서 사회보장제도의 실시를 외면한다면 이것은 빈곤층의 문제를 온존시키는 것이 아닐 수 없단다. 그리고 나눔운동을 아무리 열심히 하더라도 나눔운동의 혜택을 받을 수 없는 사각지대가 있을 수밖에 없단다.

얼마 전 어느 신문 보도에 따르면 각국 국민의 기부액이 국민총생산 GNP에서 차지하는 비중이 미국은 0.8퍼센트, 네덜란드는 0.7퍼센트, 한국은 0.6퍼센트, 일본은 0.03퍼센트였다고 하더구나. 이를 두고 우리나라는 미국이나 네덜란드보다는 적지만 일본보다는 20배나 많다고 자랑하듯 말했더군. 이런 평가는 잘못된 거란다. 네덜란드의 경우 사회보장제도가 잘 돼 있어서 나눔이 별로 필요가 없거든. 따라서 네덜란드와 우리나라를 비교하는 것은 적절치 못하단다. 특히 일본의 경우 평생직장 개념이 뿌리내려 있는 데다 노인복지제도가 잘 되어 있어서 우리나라처럼 기부에 의존하지 않아도 생활할 수 있지. 기부액이 많다고 해서 자랑거리가 되는 것은 아니란다.

나눔운동으로 빈곤문제를 다 해결할 수 있다 하더라도 그것은 인간으로서 해야 할 정도가 아니란다. 왜냐하면 모든 사람은 인간으로서의 존엄을 유지할 수 있어야 하는데, 나눔에만 의존하고 살아서는 인간으로서의 존엄을 유지할 수 없기 때문이지. 기본적인 생활을 다른 사람의 도움에 의지해서야 어떻게 인간으로서의 존엄을 유지할 수 있겠니.

그런데 동빈아! 나눔을 강조하는 데는 진보와 보수가 따로 없더구나. 보수적인 사람들이 나눔을 강조하는 것은 현존 체제를 유지하려는 사람들이니까 어쩌면 당연하지만 진보적인 사람들이 나눔을 강조하는 것은 대단히 적절치 못하다고 해야 할 거야. 진보적인 사람이라면 나눔을 강조할 것이 아니라 사회보장제도를 강조해야 마땅하지. 즉 개인의 자선으로 빈곤층의 문제를 해결하려 할 것이 아니라 제도적으로 해결해야 하는 거란다. 특히 요즘 우리사회에서 강조되는 나눔은 사회보장제도를 회피하기 위한 방편이기도 하다는 점에서 진보적인 사람들이 나눔을 강조하는 것은 대단히 어리석은 일이 아닐 수 없지.

요컨대 지금 우리사회에서 전개되는 나눔운동은 국가가 해야 할 일을 민간에게 떠넘기는 일인 동시에 빈곤층의 존엄성을 존중하지 않는 것이란다. 그래서 국민의 기본생활, 곧 의·식·주와 의료·교육을 국가가 보장함으로써 지금과 같은 나눔운동은 필요 없게 해야 할 거야.

6. '나눔경영'의 왜곡성

동빈아! 앞에서 말한 나눔이 기업인들에서는 '나눔경영'으로 나타나고 있단다. 이른바 '기업이윤의 사회 환원' 차원에서 기업이 사회봉사를 위해 자금을 지원하거나 노력봉사를 하는 것을 말하지. 삼성, LG, 현대자동차, 포스코, 두산 등 대기업들은 다들 수백억 원 내지 수천억 원을 매년 사회에 환원하고 있다고 한다. ‘나눔경영’을 통해 사회공헌에 투입된 돈이 1년에 약 1조 원 정도 된다고 하는구나. 그간의 경험으로 보면 엄청나게 많은 돈이지.

그러면 과연 이러한 ‘나눔경영’을 통한 기업이윤의 사회 환원이 바람직한 걸까? 그렇지 않단다. 기업은 기본적으로 기업을 잘 운영하는 것이 최대의 사회공헌이란다. 기업을 잘 경영해서 많은 국민들에게 일자리를 제공하고 관련 산업을 육성시키며 사회가 필요로 하는 재화와 용역을 공급해야 하지. 그리고 그 과정에서 번 돈으로 세금을 내면 그것이 최선의 사회공헌 아니겠니?

그러니까 기업은 기업이 해야 할 일을 하고, 사회적으로 문제가 되는 빈곤, 질병, 실업 등의 문제는 국가가 떠맡아야 한단다.

특히 산업의 정보화에 따라 사회 각 부문에서 양극화가 일어나고 있기 때문에 이를 합리적으로 조정하는 것이 국가가 해야 할 일이란다. 이 가운데 조세제도를 합리적으로 재조정하는 것이 대단히 중요한 과제지. 따라서 순이익을 많이 올리는 기업은 세금을 많이 내도록 누진세율을 획기적으로 강화해야 한단다.

대기업들이 세금 낼 돈으로 기부를 하고서 생색내는 경우가 많은데 이는 기업이 담당해야 할 역할의 왜곡이자 시대착오적 발상이란다.

Chapter 20

정보문명시대에는 어떤 경제환경이 조성될까?

동빈아! 앞에서 내가 정보화와 세계화에 의해 삶의 총체적 양식인 문명이 전환하고 있음을 강조했지? 그렇단다. 오늘의 세계적 대변화는 문명이 전환하는 것이란다. 문명이란 좀 어려운 말인데 인류가 이룩한 물질적, 기술적, 사회구조적인 발전 상태를 말한단다. 즉 산업구조, 인구구성, 사회관계, 사회구조, 인간의 욕구와 희망 등 삶의 총체적 양식을 가리키지. 지금은 이러한 삶의 양식이 총체적으로 바뀌고 있단다.

이러한 문명의 전환은 과학기술이 발달한 결과로 나타나는 현상이란다. 문명의 전환에 따른 정보문명시대의 도래는 인간이 참된 의미의 자유와 평화와 복지와 자아실현을 누릴 수 있는 경제환경을 조성하고 있지. 그럼 정보문명시대의 도래로 경제환경이 어떻게 바뀌고 있는지 알아보자.

첫째, 지난날은 자본과 노동력이 생산의 주된 원동력이었으나 지금

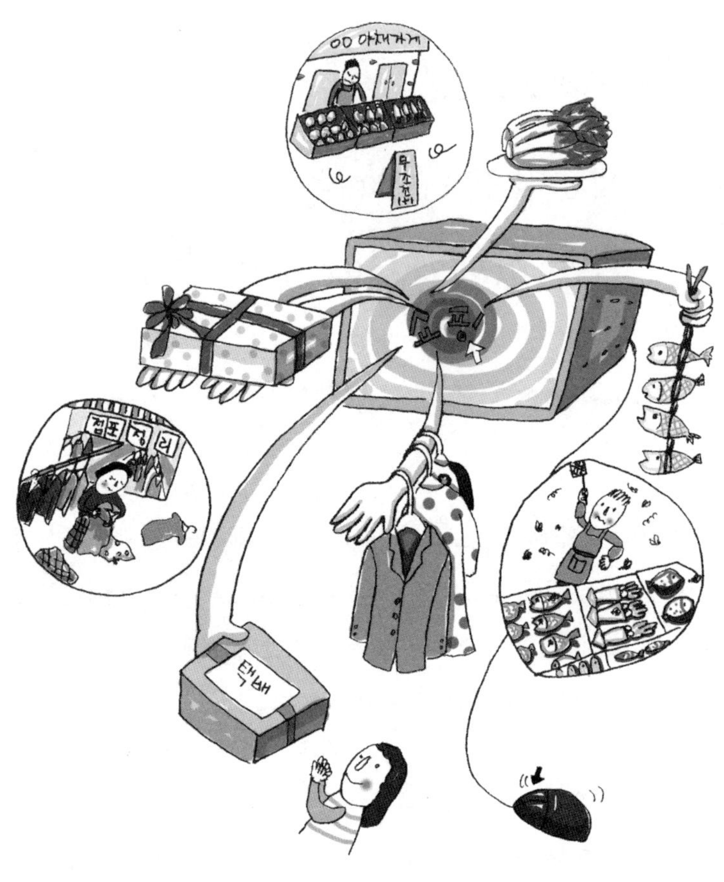

인터넷 통신의 발달은 유통산업의 구조를 근본적으로
바꿈으로써 생활상의 많은 변화를 가져온단다.
우선 전자상거래와 인터넷 쇼핑몰이
일상화함으로써 재래식 시장이나 길거리 상점들은 크게
위축되거나 쇠퇴하고 있지.

은 지식과 기술, 곧 정보가 생산의 주된 원동력이 되고 있단다. 그리고 지난날은 공장이나 기계, 설비, 종업원의 수, 매출규모 등 유형의 자산이 기업의 가치를 나타냈으나 지금은 기술, 신뢰도, 상표(브랜드), 이미지 등 무형의 자산이 기업의 가치를 나타내는 경우가 많지.

둘째, 산업의 정보화, 곧 자동화와 신제품의 개발로 사회적 생산력이 비약적으로 발전하고 있단다. 인간의 해방된 삶의 실현에 가장 필요한 경제적 풍요를 달성하고 있지. 지난날 100명이 일해서 생산하던 것을 지금은 50명 내지 10명만 일해도 생산할 수 있는데, 이것은 물질적 풍요를 의미하거든.

셋째, 산업의 자동화와 신제품 개발은 노동인력의 감소와 시대추세에 맞지 않는 많은 기업의 도산을 가져와 대량실업과 소득양극화를 야기한단다.

넷째, 인터넷 통신의 발달은 유통산업의 구조를 근본적으로 바꿈으로써 생활상의 많은 변화를 가져온단다. 우선 전자상거래와 인터넷쇼핑몰이 일상화함으로써 재래식시장이나 길거리 상점들은 크게 위축되거나 쇠퇴하고 있지. 백화점이나 대형할인매장의 매출비중도 떨어진단다. 그리고 상품에 대한 정보가 빛의 속도로 전 세계에 전파되기 때문에 1등하는 상품만 팔리고 그 이하의 상품은 팔리지 않는 소득양극화가 발생하게 된단다.

다섯째, 노동시간이 단축됨에 따라 여가시간이 늘어나 대중의 정치의식이 높아진단다. 이것은 인간의 해방된 삶을 이룰 수 있는 사회경제체제를 구축할 수 있게 할 뿐 아니라 새로운 세계관과 가치관을 정립할 수 있게 해준단다.

동빈아! 정보문명시대가 도래하면 좋은 면도 있고 좋지 않은 면도 있단다. 생산력이 발달하여 재화와 용역이 풍부해지는 것이나 노동시간이 줄어들어 여가시간이 늘어나는 것은 좋은 일이지만, 대량실업사태가 생기고 소득이 양극화하는 것은 좋지 않은 일이지. 그리고 인터넷 통신의 발달로 상품에 대한 정보가 전 세계에 전달됨으로써 1등하는 상품만 팔리고 2등하는 제품은 팔리지 않게 되는 것은 소비자 입장에서는 좋지만 생산자 입장에서는 위험한 일이지. 그래서 돈을 많이 버는 사람과 못 버는 사람이 생겨난단다. 즉 소득양극화가 구조화하기 쉽지.

이러다보니 자동차, 전자, 조선, 통신 등 거의 모든 업종에서 정리해고가 발생하고 이를 반대하는 노동자들이 투쟁을 치열하게 전개되고 있단다. 이는 엄청난 경제적 손실이지. 그리고 대형할인마트나 인터넷 쇼핑몰이 많이 생겨 동네 슈퍼마켓이 점점 어려워지고 있단다. 음식점 역시 인근에 시설을 잘 갖춘 대형 음식점이 들어서면 소규모 식당들은 대부분 문을 닫게 되지. 따라서 자유경쟁이란 이름으로 이를 방치해서는 안 된단다.

이처럼 정보문명시대의 도래는 산업의 정보화에 따른 사회적 생산력의 비약적 발전을 가져온다는 점에서는 인류역사의 획기적 진전이지. 그러나 대량실업과 소득양극화를 구조화하기 쉽다는 점에서는 대단히 심각한 문제이기도 하단다. 그러니까 산업의 정보화에 따른 대량실업과 소득양극화문제를 극복할 수 있다면 정보문명시대는 인간해방의 시대가 될 수 있을 거란다.

Chapter 21

정보문명시대에는 어떤 이념과 정책을 강구해야 할까

동빈아! 정보문명시대에는 어떻게 대응해야 할까? 결론부터 말하면 정보문명시대에 맞는 새로운 이념과 정책을 강구해야 한단다. 즉 인간의 해방된 삶을 실현할 수 있는 이념과 정책이어야 한단다.

그런데 정보문명시대의 이념을 설명하기 전에 이념이란 무엇이며 왜 이념이 있어야 하는지 간단히 설명해두고자 한다. 이념이란 사회를 운영하는 데 있어서 가장 중요한 지침, 곧 대원리이자 대원칙을 말하는데, 보통 사회발전의 목표와 전략을 의미한단다. 사회를 발전시키기 위해서는 목표와 전략이 있어야 하거든. 이런 점에서 '이념무용론'이나 '중도'를 내세우는 것은 옳지 않단다. 사회발전의 목표와 전략을 어중간하게 하겠다는 것이니 말이다.

그러면 정보문명시대에는 어떤 이념을 채택해야 할까? 정보문명시대에는 인간해방을 실현할 수 있고 대량실업과 소득양극화, 환경파괴,

인간성 상실에 대처할 수 있는 이념을 채택해야 한단다. 인간해방을 실현할 수 있는 이념이 곧 대량실업과 소득양극화, 환경파괴, 인간성 상실도 극복할 수 있는 이념이 될 수 있지.

그런데 여기에 딱 들어맞는 이념이 현재는 없단다. 현재 통용되는 이념에는 자본주의, 사회주의, 사회민주주의, 신자유주의, 자유민주주의 등이 있는데 이 이념들은 인간해방을 목표로 하지 않거나 인간해방을 실현할 수 없는 이념들이란다.

그러나 이들 이념 가운데 사회민주주의가 정보화와 세계화에 따른 '20 대 80의 사회'나 '노동의 종말' 시대에 대응하는 데 가장 필요한 사회보장제도의 확립을 강조한다는 점에서 정보문명시대에 가장 적합한 이념이라고 할 수 있단다. 그런데 다만 사회민주주의의 내용이 변질되면서 인간해방의 실현을 포기하고 있는 것이 문제지.

그래서 인간의 최고 목표인 인간의 해방된 삶을 실현할 수 있는 인간해방의 이념을 새롭게 정립해야 한단다. 나는 오래전부터 이런 문제의식을 가지고 인간해방의 이념으로서 '민주시장주의'를 제창했단다. 민주시장주의는 사회민주주의와 유사한 점이 많아서 사회민주주의를 보완한 것으로 볼 수도 있단다.

사회민주주의는 사회보장제도를 중요한 내용으로 하고 있어서 대량실업과 소득양극화로 말미암은 '20 대 80의 사회'에 대처하기에 아주 적합한 이념이지. 다만 인간해방을 포기하고 있는 것이 문제란다. 그러니까 본래 사회민주주의는 폭력혁명이 아닌 의회민주주의를 통해 사회주의 사회, 곧 인간의 해방된 삶이 실현되는 사회를 건설할 것을 목표로 하는 이념이었으나 이것이 서서히 변질되어 지금은 자본주의체제에 국민복지를 강화한 이념이 되어버렸단다. 그래서 사회민주주의의 이러한 한계를 극복하고, 인간해방의 실현에 가장 중요한 자아실현의 노동이 이루어질 수 있는 내용을 보완한 이념이 '민주시장주의'란다.

민주시장주의는 자율, 상생, 순환, 조정을 주요 원리로 하고 있는데, 이 원리대로 사회를 운영하고 삶을 영위할 경우 자유, 평화, 복지, 자아실현의 삶, 곧 해방된 삶을 구현할 수 있단다. 민주시장주의는 공동체민주주의, 민주적 시장경제, 노동보람주의, 국가복지주의, 비폭력조정주의를 주요 원칙으로 하고 있지.

그런데 동빈아! 지금 우리사회에서는 자유주의 경제이론을 주장하는 사람들이 대단히 많단다. 그러나 자유주의 경제정책 때문에 경제가 파탄에 내몰렸지. 그래서 자유주의 경제이론에 대한 비판이 전 세계적으로 확산되고 있단다. 개인의 이기심에 기초한 경제활동의 자유를 최대한 보장해야 한다는 자유주의 경제정책으로는 오늘의 경제위기를 극복할 수 없단다. 정보문명시대가 요구하는 인간의 해방된 삶도 실현할 수 없고.

그리고 이른바 '진보진영'에서는 '시장만능주의'나 '시장근본주의'의 폐해를 지적하면서 시장경제를 비판하는 경우가 많단다. 시장만능주의나 시장근본주의는 옳지 못하고 또 시장경제가 가져오는 폐해는 분명 고쳐져야 하지. 그러나 그렇다고 해서 시장경제 자체를 배격하는 태도를 취하는 것은 적절치 못한 것 같구나. 만약 시장경제 자체가 잘못된 것이라고 판단한다면 시장경제를 대체할 다른 경제체제를 제시해야 하는데 그렇지는 못하니 말이다.

동빈아! 그러면 경제위기를 극복하고 자아실현의 인간해방세상을 건설하려면 어떤 경제정책을 강구해야 하는지 알아보자. 우선 정보문명시대에 꼭 요구되는 중요한 몇 가지만 밝혀두고자 한다.

첫째, 모든 국민의 기본생활을 국가가 보장하는 사회보장제도를 확립한다.

둘째, 모든 국민에게 일자리를 제공한다.

셋째, 모든 국민의 기본생활을 국가가 보장한 가운데 누구나 자기가 하고 싶은 일을 할 수 있게 한다.

넷째, 노동자로 하여금 소유와 경영에 참여케 하여 창의성과 근면성을 발휘하고 보람과 기쁨을 누리게 한다.

다섯째, 소득세와 법인세, 상속세, 증여세의 누진율을 강화하여 소득의 양극화를 줄인다.

여섯째, 민족경제의 자립을 도모한다.

일곱째, 소득직접지불제 등 농업지원책을 강화해서 농업을 살린다.

여덟째, 신재생에너지 개발로 에너지 자급률을 높인다.

아홉째, 교육평준화정책을 폐기하고 교육의 자율성을 보장한다.

열째, 국민으로 하여금 창조, 생산, 봉사, 절제에서 보람과 기쁨을 누리는 가치관을 정립토록 한다.

Chapter 22
'20 대 80의 사회'에는 어떻게 대응해야 할까

동빈아! 산업의 정보화는 대량실업과 소득양극화를 구조화함으로써 '20 대 80의 사회'가 되기 쉽다고 여러 차례 말했지? 즉 좋은 일자리를 가진 20퍼센트의 국민만 높은 소득을 올리면서 잘살고 나머지 80퍼센트의 국민은 일자리도 없고 소득도 없어 비참하게 살게 되는 사회 말이다.

이래서는 안 되겠지. 그러면 어떻게 해야 할까? 20퍼센트의 국민이 번 돈으로 나머지 80퍼센트의 국민들이 살아갈 수 있게 해주어야 한단다. 이것은 80퍼센트의 가난한 국민을 위한 것이기도 하지만 20퍼센트의 부유한 국민을 위한 것이기도 하단다. 왜냐하면 20퍼센트의 국민이 생산한 것을 80퍼센트의 국민이 소비해주지 않으면 20퍼센트의 국민은 물품을 생산해봤자 판매할 곳이 없으니 말이다.

그러면 80퍼센트의 국민이 어느 정도의 소득을 확보할 수 있도록 하

산업의 정보화는 대량실업과 소득양극화를 구조화함으로써
'20 대 80의 사회'가 되기 쉽다고 여러 차례 말했지?
즉 좋은 일자리를 가진 20퍼센트의 국민만 높은 소득을
올리면서 잘살고 나머지 80퍼센트의 국민은 일자리도 없고
소득도 없어 비참하게 살게 되는 사회 말이다.

려면 어떻게 해야 할까? 20퍼센트의 국민이 얻은 소득의 상당부분을 80퍼센트의 국민에게 나누어 주어야지. 이렇게 할 수 있는 제도적 장치가 바로 사회보장제도란다. 즉 사회보장제도를 통해 80퍼센트의 가난한 국민들도 인간답게 살 수 있도록 해주어야 20퍼센트의 부유한 국민들도 인간답게 살 수 있는 거란다. 그래서 '20 대 80의 사회'가 되기 쉬운 정보문명시대의 사회보장제도는 가난한 사람만을 위한 제도가 아니라 부유한 사람을 위한 제도이기도 하단다.

그러니까 지난날 산업문명시대에서의 사회보장제도는 가난한 사람을 위한 제도였으나 오늘날은 부유한 사람을 위해서도 사회보장제도가 필요하게 되었단다.

동빈아! 이처럼 사회보장제도가 반드시 있어야 하는데도 우리나라 국민들은 사회보장제도에 대한 인식이 미미하단다. 이것은 '성장이냐 분배냐' 하는 논쟁에서 성장론이 대세를 이루고 있는 데서도 확인되고 있지. 그래서 마지못해 사회보장제도를 실시하고 있는 정도거든.

동빈아! '20 대 80의 사회'가 지속되면 앞에서 말한 대로 경제가 어려워지는 것은 물론 사회가 붕괴한단다. 역사적으로 대제국들이 붕괴한 가장 중요한 이유는 외부의 침공 때문이라기보다 내부의 부패와 사치 때문이었는데, 이것은 부의 극단적인 편중의 결과였거든.

'20 대 80의 사회'에 대처할 방안을 제시한 사람이 더러 있는데, 영국의 사회사상가 E. F, 슈마허와 미국의 사회사상가 제레미 리프킨, 프랑스의 사회사상가 자크 아탈리 등이 그들이란다.

슈마허는 《작은 것이 아름답다Small is beautiful》라는 책을 통해 '과학기술을 첨단까지 발달시키면 자동화가 진척되어 대량실업이 발생할 수밖에 없고, 이것은 인간의 행복한 삶에 절대적으로 요청되는 완전고용이 이루어질 수 없게 하니 과학기술을 중간단계까지만 발달시켜서 완전고용이 이루어질 수 있게 해야 한다'는 이른바 '중간기술론'을 주창했단다. 그래서 영국에 '슈마허 학교'를 설립해서 이런 사상을 교육하고 있단다. 이러한 슈마허의 사상은 생태주의운동의 지침이 되고 있기도 하지. 그러나 이 주창은 비현실적이란다. 사회주의 계획경제를 채택한다면 국가가 기술개발을 억제해서 중간기술에 머물러 있게 할 수 있을지 모르겠으나 상호 경쟁이 불가피한 시장경제체제에서는 중간기술에 머물러 있게 할 수 없기 때문이다.

게다가 역사의 진보를 진보로 받아들이지 못하는 사상이기 때문에 잘못된 것이란다. 과학기술의 발달은 역사의 진보일 뿐 잘못된 것이 아니란다. 역사의 진보는 진보로 받아들이면서 그에 대한 대책을 세워야지 역사의 진보 자체를 가로막으려 하는 것은 올바른 태도가 아닌 것 같구나. 특히 과학기술의 발달로 인간의 해방된 삶을 실현할 수 있게 되었는데 중간기술에 머물러 지금과 같은 삶을 계속 살아야 할 이유가 어디에 있겠니? 슈마허는 첨단과학과 첨단기술이 가져올 대량실업만 본 것이지 그것을 통해 사회적 생산력이 획기적으로 발달하고 대중의 정치의식이 크게 고양됨으로써 인간해방이 실현될 수 있다는 것은 보지 못한 것 같구나. 특히 중간기술에 머물러 있는 것은 인간의 창의성의 발현을 통한 자아실현을 방해하는 것이 되어 옳지 않단다. 물론 과학기술이 발달하여 필요 이상의 재화를 생산·소비하고 이로 말미암아 엄청난 환경파괴가 발생하는 것을 생각하면 절제는 필요하긴 하지. 그래서 과학기술의 발달 자체를 억제할 것을 요구하기보다 과학기술의 발달로 발생할 대량실업과 빈부양극화에 대처할 방안을 강구하는 것이 현실적일 거야.

제레미 리프킨은 《노동의 종말The End of Work》이란 책을 통해 자원봉사활동을 장려함으로써 대량실업사태에 대처해야 한다는 이른바 '제3부문이론'을 제시했는데, '제3부문이론'의 요지는 국가의 역할 축소, 시장의 자유방임성 규제, 자원봉사활동 부문의 일자리 창출 등이란다. 리프킨은 이러한 경제체제를 시장경제를 대체하는 '사회적 경제'라고 말하고, 사회적 경제를 통해 시장경제에서 축출된 잉여노동력을 건설적으로 재배치해야 한다고 주장하더구나. 국가의 역할을 축소해야 한다는 것이나 실업을 시장경제의 폐해로 본 것 등은 적절하지 않아보이지만 자동화에 따른 잉여노동력을 사회적 일자리에 재배치해야 한다는 것은 타당한 주장이 아닐 수 없지. 아무튼 리프킨은 《노동의 종말》 끝부분에서 '노동의 종말은 문명화에 대한 사형선고일 수도 있고, 새로운 사회변혁과 인간정신 재탄생의 신호일 수도 있는 바, 미래는 우리의 손에 달렸다'고 말하더구나. '노동의 종말' 현상을 가져오는 정보사회를 맞아 새로운 사회변혁과 인간정신의 재탄생을 이루어내지 못하면 인류문명이 파국을 맞을 수 있다는 말이지. 달리 말하면 '노동의 종말' 현상을 가져오는 정보사회를 맞아 새로운 사회변혁과 인간정신의 재탄생, 곧 인간해방의 사회를 이루어내야 한다는 것이지. 그럼에도 불구하고 리프킨이 제시한 '제3부문이론'은 미국 사회의 기본체제를 전제하고 있어 유감스럽고, 그래서 실효성 있는 대처방안이 되기는 어려울 것 같구나.

프랑스의 대표적인 석학으로 꼽히는 자크 아탈리는 《인간적인 길》에서 '새로운 사회민주주의'가 정보화와 세계화로 말미암아 현대사회가 맞고 있는 실업과 소외와 폭력에 대처할 수 있는 길이라고 밝히고 있단다. 아탈리는 그 구체적인 정책대안으로 무상제공과 지식의 함양 그리고 책임성을 강조했단다. 이에 대해서는 설명이 필요한데, 아탈리가 무상제공을 주장하는 것은 '이제 돈을 벌기 위해서 노동을 할 필요는 없게 되었다'는 것을 전제하고서 '먹고 살 것은 무상제공으로 충당되고 노동은 돈을 벌기 위해서가 아니라 보람과 기쁨을 얻기 위해서 하게 된다'는 것이지. 그리고 지식을 중요시하는데 지식이 있어야 인간이 비주체적인 삶이 아닌 주체적 삶을 살 수 있기 때문이라는 것이더구나. 다음으로 책임성을 강조하는데 책임성은 민주주의를 강화하기 위한 것이라는구나.

자크 아탈리는 자본주의체제 속에서 사회복지를 달성한 데서 만족하다가 마침내 위기에 직면한 사회민주주의의 한계를 지적했는데 새로운 대안을 모색하고 있다는 점에서는 의미 있는 제안으로 볼 수 있지. 그러나 시장경제의 채택을 인정하면서도 시장경제의 긍정적 의미를 인정하지 않고 부정적 의미만을 강조하는 것은 옳지 못해 보이더구나. 물론 현재와 같은 자본주의 시장경제를 계속 유지할 경우 '시장사회는 상품사회가 되어 모든 인간관계뿐 아니라 인간 자신조차 점진적으로 상업적 거래의 대상이 될 것'이라는 지적은 경철할 만하지만 말이다. 그러나 이

것은 자본주의 시정경제를 계속 유지할 때의 일이지 노동의 자아실현
과 인간해방을 목표로 한 민주시장주의를 채택할 경우에는 그런 일은
없을 거란다. 아탈리는 사회민주주의의 한계를 극복할 근본원리를 설
파하기보다 잡다한 윤리적 덕목을 나열하는 데 그치고 있다는 점에서
서유럽 사회민주주의의 한계를 벗어나지 못하고 있단다.

　흔히 사회민주주의자들은 시장경제를 부정하지 않으면서도 시장경
제의 부정적 요소만을 지적하는 경향이 있는데, 이것은 철학의 빈곤을
드러내는 것이란다. 시장경제를 부정한다면 시장경제를 대체할 새로운
경제체제를 제시해야 하고, 그렇지 못해 시장경제를 인정한다면 시장
경제가 어떤 긍정적 의미가 있는지를 밝히면서 시장경제가 갖는 부작
용을 치유할 방안을 제시하는 것이 옳기 때문이지.

Chapter 23

일자리 창출, 과연 이루어질 수 있을까

동빈아! 지금까지는 인간해방의 시대에 대해 설명했지? 그런데 살기가 점점 어려워지고 있는데 어떻게 인간해방의 시대가 오고 있다고 말할 수 있냐고 묻는 사람들이 있단다.

이런 인식, 곧 인간해방의 시대가 오고 있다는 인식을 가지려면 발상의 전환이 필요하단다. 사실 오늘 우리사회가 직면한 경제파탄, 교육붕괴, 사회혼란 등의 문제에 대해 그 원인과 해법을 제시하지 못하고 있는 것도 발상의 전환이 없기 때문이거든. 그래서 여기서는 정보문명시대의 도래와 더불어 발상을 전환해야함에도 불구하고 아직도 구시대적 사고방식에 사로잡혀 우리사회의 개혁과 진보를 가로막는 몇 가지 문제를 검토해보고자 한다. 먼저 일자리 창출이 우리사회 최대의 과제인데 과연 일자리 창출이 가능한 것인지 알아보기로 하자.

동빈아! 누구나 일을 하면서 살아야 하고, 그래서 누구나 일자리를 원하지. 이것은 먹고살기 위해서만이 아니라 일을 해야 삶을 기쁘게 살 수 있기 때문이란다. 흔히 일을 하지 않고 먹고살 수 있다면 그것처럼 행복한 일이 없을 것 같이 생각하지만 그것은 엄청난 착각일 거야. 인간은 일하는 가운데 보람과 기쁨을 누릴 수 있어야 행복할 수 있단다.

그런데 정보문명시대가 되면 공장자동화와 사무자동화로 말미암아 일자리가 줄어들거든. 그렇기 때문에 일자리 창출이 최대의 과제가 되는 것은 너무나 당연한 일이지. 앞에서 누누이 설명한 것처럼 자동화로 일자리가 계속해서 줄어들기 때문에 일자리를 많이 늘린다는 것은 정말 어려운 일이란다. 그런데도 정부나 일부 정치인들은 기회가 있을 때마다 일자리를 몇 십만 개나 창출하겠다고 말하지. 일자리를 그렇게 창출할 수 있다면 얼마나 좋겠니. '일자리야말로 최고의 복지'라는 말은 결코 틀린 말이 아니란다. 그러나 일자리 창출이 현실적으로 불가능하게 되어 있는데도 이런 말을 하는 것은 국민에 대한 기만이란다. 그리고 경제성장에 치중하면서 사회보장제도를 외면하기 위한 술수가 될 수도 있단다.

전통적 분야의 일자리 창출이 어렵다는 것은 '고용 없는 성장'이란 말에서 확연히 드러난단다. 국민총생산은 증가하는데도 고용은 확대되지 않는 것이 현실이거든. 공장자동화와 사무자동화의 진전으로 '고용 없는 성장', 곧 경제성장이 이루어지더라도 고용이 늘어나지 않는 현상이 일상화한다는 것을 인식해야 한단다. 신제품 개발과 자동화로 노동생산성이 비약적으로 향상되기 때문에 노동인력이 줄어들어도 생산되는 재화의 양은 줄어들지 않으니 말이다. 상황이 이와 같은데도 '경제는 좀 나아지는 것 같은데 고용은 왜 늘어나지 않을까' 하고 의아해하는 사람들이 많단다. 세상이 어떻게 변해가는 지 모르는 거지.

물론 지금처럼 경제가 파탄지경에 처해 있는 상황에서는 경제를 살림으로써 일자리를 만들어낼 수 있단다. 그러나 역사발전의 추세가 '고용 없는 성장' 내지 '노동의 종말' 시대로 가고 있음을 간과한다면 시대의 진운을 따라가지 못하는 낙오자가 되고 말 거야.

그런데 이런 지적은 재래식 개념의 사무직이나 생산직 일자리를 말하는 것이고, 정보산업IT이나 환경산업ET, 생명산업BT 등에는 새로운 일자리가 창출될 거란다. 물론 이 분야의 일자리가 창출된다고 해서 재래식 개념의 일자리가 줄어드는 것을 메울 수는 없단다. 그래서 통상적 의미의 일자리를 더 늘린다는 것은 사실상 불가능하지.

따라서 전통적 의미에서의 일자리가 더 늘어나는 것이 불가능하다는 것을 전제하고서 정책을 강구해야 한단다. 이렇게 하기 위해서는 '사회적 기업'을 많이 만들거나 '사회적 일자리'라고도 하는 공공부문의 일자리를 많이 제공해야 한단다. 정부재정으로 일자리를 만들어 일을 시키고 임금을 지급하는 것을 말하지. 지금까지는 '취로사업'이라 하여 도로청소나 도로정비 등의 업무가 주종을 이루었는데 앞으로는 사회복지 분야와 국토정비 분야로 크게 확대되어야 할 거야.

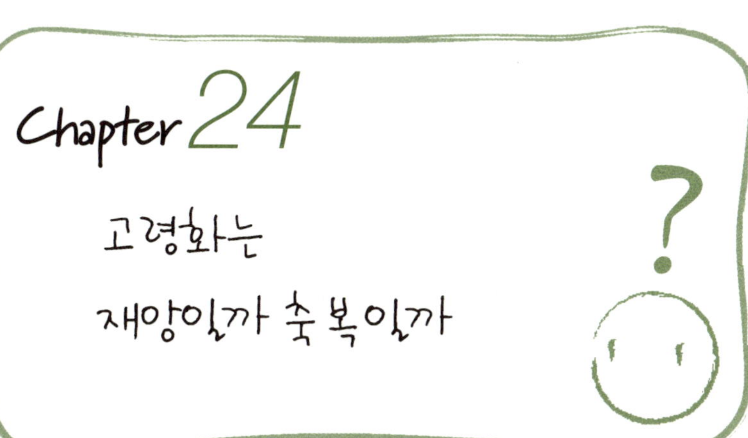

동빈아! 지금 고령화에 대해 걱정하는 목소리가 대단히 크단다. 이로 인해 세대 간의 갈등이 심화되는 것은 물론 노인들이 죄인 취급을 당하는 경우도 많단다. 통계에 의하면 65세 이상의 노인 인구 비율이 2000년에 이미 7퍼센트를 넘어 '고령화 사회'에 진입했고, 2019년에는 14퍼센트를 넘어 '고령 사회'가 그리고 2026년에는 20퍼센트를 넘어 '초고령 사회'가 된다고 하는구나. 여기다가 출산율의 저하로 인구가 크게 감소하여 사회적 생산력이 저하돼 국가의 존립마저 위협받게 된다는 주장들이 쏟아져나오고 있지. 특히 2009년에는 생산가능 인구(젊은이) 8명이 노인 1명을 부양하고 있지만 2020년에는 젊은이 5명이 노인 1명을 부양하고, 2040년에는 젊은이 2명이 노인 1명을 부양하게 돼 세대 간의 갈등을 심화시키는 것은 물론 많은 노인들을 주눅 들게 하고 있구나.

출산율의 저하도 고령화의 한 원인이기는 하지만 기본적으로 고령화

2009년에는 생산가능 인구(젊은이) 8명이
노인 1명을 부양하고 있지만 2020년에는 젊은이 5명이
노인 1명을 부양하고, 2040년에는 젊은이 2명이
노인 1명을 부양하게 돼 세대 간의 갈등을 심화시키는
것은 물론 많은 노인들을 주눅 들게 하고 있구나.

는 과학기술의 발달에 따른 생활수준의 향상과 의술의 발달 덕분으로 인간이 가장 바라던 장수를 이루게 된 결과란다. 이것을 기뻐하기보다 걱정하고 있으니 잘못되어도 한참 잘못된 것이지. 결국 이것은 우리사회의 무능을 드러내는 것인데, 우선 고령화가 과연 사회적 생산력을 저하시키고 국가의 존립마저 위태롭게 할 사회적 재앙인지 검토해보기로 하자.

무엇보다 노동력이 있는 젊은이들마저 일자리가 없어 놀고 있는 터에 노동력을 잃은 노인의 증가를 걱정하는 것부터가 잘못 아닐까? 나이가 많아서 일을 못하는 것이 아니라 일자리가 없어서 일을 못하는 것이 일반적인 현상이거든. 만약 일하지 않는 사람이 많아지는 것이 문제라면 노인뿐 아니라 젊은이들도 줄어들기를 바라야겠지.

청년들도 일자리를 구할 수 없어 청년실업이 사회문제가 되고 있는 형편에 고령화에 따른 노인의 증가 때문에 사회적 생산력이 저하되어 국민경제가 어려워지리라고 보는 것은 세상의 발전방향에 대한 무지를 드러내는 일이란다. 무엇보다 큰 착각은 고령화가 생산력의 저하를 가져오지 않는데도 마치 고령화가 생산력의 저하를 가져오는 것처럼 생각하는 것이란다. 고령화의 원인은 평균수명의 연장과 출산율의 저하 두 가지란다. 이 가운데 고령화의 근본적인 원인은 평균수명의 연장이라고 볼 수 있지. 그러면 평균수명의 연장에 따라 사회적 생산력이 과연 저하되는지 검토해보자.

1985년의 평균수명은 69.8세였는데 2005년에는 평균수명이 78.2세로 늘었단다. 평균수명이 69.8세였던 1985년도의 평균 노동가능 나이는

61세 정도이고, 평균수명이 78.2세인 2005년의 평균 노동가능 나이는 69세 정도라고 추정할 수 있을 거야. 이러한 경우 1981년도의 1인당 평균 노동가능 연한은 48년(63세~15세)이고, 2001년에는 57년(72세~15세)이 된단다. 그렇다면 1985년도에는 일생 동안 노동할 수 있는 기간이 69퍼센트(69.8년분의 48년)고 2005년도에는 73퍼센트(78.2년분의 57년)지. 즉 고령화가 될수록 일생 동안 노동할 수 있는 연한의 비율이 늘어나는 거지. 그래서 인간의 수명이 길어질수록 노동가능 연한의 비율도 길어지는데, 이것은 한 개인이 경제발전에 기여할 수 있는 역할이 그만큼 커지는 것을 의미한단다.

이처럼 고령화에 따라 사람이 일생 동안 일할 수 있는 기간이 늘어난다는 것은 더 많은 재화와 용역을 생산하거나 공급할 수 있음을 의미한단다. 그렇다면 고령화가 사회적 생산력의 저하를 가져오는 것이 아니라 생산력의 증대를 가져오는 것임을 알 수 있지. 따라서 생산의 측면에서 고령화를 걱정하기보다 오히려 좋아해야 하지 않겠니? 문제는 노인이든 젊은이든 일할 곳이 있느냐 하는 데 있지.

백보를 양보해 젊은이들이 노인들보다 창의성과 순발력이 앞선다 하더라도 정보사회에서는 노인들도 충분히 감당할 수 있는 일자리가 많아지고 있기 때문에 고령화 때문에 사회적 생산력이 떨어질 염려는 없다고 봐야 할 거야.

더욱이 과학기술이 발달한 정보문명시대에는 과잉생산에 제대로 대처하지 못해서 사회적 문제가 야기되는 것이지 사회적 생산력이 저하되어 사회적 문제가 야기되는 것이 아님을 통찰할 필요가 있단다. 이처럼 인간수명의 연장, 곧 고령화는 오히려 사회적 생산력을 높일 수 있는 요인이 된단다. 그리고 노인을 부양의 대상으로 보는 것도 잘못된 생각이란다. 노인은 젊은 시절 축적해놓은 것으로 살아간다고 봐야 한단다. 지금 젊은 사람들이 온갖 문명의 이기를 사용하면서 생활할 수 있는 것은 지금의 노인들이 젊은 시절 일을 해서 주택, 건물, 도로, 통신설비, 공장 등을 건설해두었기 때문이거든. 설사 젊은이들이 노인을 부양한다 하더라도 부양해야 할 노인이 누구일까? 자기 부모 아니겠니? 부모에 대한 부양 때문에 살기 어렵게 되었다고 걱정해서야 되겠니?

결국 고령화, 곧 인간수명의 연장은 문명발달의 성과로서 하늘이 내린 축복이라고 볼 수 있단다. 그런데 이것을 오히려 경제발전의 저해요인으로 파악하여 사회적 재앙으로 보는 것은 국정운영능력의 미숙과 부모세대에 대한 불효를 드러내는 것이란다.

물론 인구의 고령화추세에 대한 사회적 대책은 세워야지. 정년을 연장하기도 해야 하지만 정년이 되기 전에 나이에 맞는 직업을 새로 가질 수 있도록 노령층에 적합한 직종을 개발해야지. 무엇보다 중요한 것은 그동안 방치하다시피 한 노인복지대책을 획기적으로 강화해야 한단다. 고령화에 따른 사회적 손실만 걱정하고 고령화로 노인이 증가하는 데 대한 노인복지대책은 걱정하지 않는 것부터가 고령화에 대한 비인간적인 대응을 말해주고 있는 거란다.

Chapter 25

한미FTA를 어떻게 봐야 할까

동빈아! 한미FTA, 곧 한미자유무역협정이 우리사회의 쟁점이 되고 있는 것 알고 있지? 이 문제를 둘러싸고 찬성하는 쪽과 반대하는 쪽이 극단적으로 대립하고 있단다. 찬성하는 쪽에서는 미국과 FTA를 체결함으로써 관세장벽을 없애 대미수출량을 늘릴 수 있고, 미국 서비스업종의 한국 진출을 통해 국내 서비스업의 경쟁력을 강화할 수 있을 것이며, 외국인 투자가 증대하여 실업해소에 도움이 될 것이라는 등의 이유를 제시하고 있단다. 특히 한미FTA가 발효되기만 하면 경제침체도 극복될 수 있을 것처럼 말하는 경우가 많구나.

그런데 반대하는 쪽에서는 농축산업이 황폐화하는 것은 물론 미국에 비해 경쟁력을 갖추지 못한 금융, 교육, 의료 등 서비스산업의 몰락을 가져올 것이며, 이를 통해 경제의 대미종속과 양극화를 심화시킬 것이라는 등의 이유를 제시하고 있지.

그러면 한미FTA를 찬성해야 할까? 반대해야 할까? 그런데 지금 한미FTA를 찬성하거나 반대하는 사람들은 기본적으로 한미FTA의 조건에 따라 찬성하거나 반대하는데, 나는 조건과 상관없이 FTA, 곧 자유무역협정을 맺어서는 안 된다고 본단다. 물론 자유무역을 제한하는 조건을 많이 붙여 사실상 자유무역협정이 아닌 것처럼 된다면 찬성을 할 수 있겠지만, 품목상의 제한을 없애는 것은 물론 관세까지 없애 양국의 무역을 완전히 자유화하는 이른바 경제를 통합하는 차원의 자유무역협정이라면 체결해서는 안 된단다. 한미FTA뿐 아니라 어떤 나라와의 FTA도 마찬가지지.

그러면 왜 FTA협정이 체결되어서는 안 되는지 그 이유를 밝혀볼게.

자유 무역협정이란 무엇일까?

FTA를 찬성하거나 반대하려면 우선 FTA(Free Trade Agreement), 곧 자유무역협정이 무엇인지를 알아야 하겠구나. FTA란 국가 간의 무역에 있어서 모든 무역장벽을 없애고 상품의 자유로운 이동을 보장하는 협정을 말한단다. FTA의 내용은 당사국의 협정에 따라 약간씩 달라질 수 있지만 기본적으로 협정당사국 사이의 무역에서 품목의 제한을 없애는 것은 물론 관세를 부과하지 않음으로써 무역이 자유롭게 이루어지게 하는 것을 말하지.

FTA란 국가 간의 무역에 있어서 모든 무역장벽을 없애고
상품의 자유로운 이동을 보장하는 협정을 말한단다.

일반적으로 FTA는 협정상대국의 상품공급자를 내국인과 동등하게 대우하는 '내국인 대우의 원칙', 제한을 두더라도 다른 어떤 나라에 대한 대우보다 불리하지 않은 대우를 받게 하는 '최혜국 대우의 원칙' 그리고 상대국의 자국시장접근이 제한을 받지 않고 자유롭게 이루어질 수 있게 하는 '시장접근제한 금지의 원칙'을 기본원칙으로 하고 있단다. 이 원칙대로 하면 양국 사이의 무역장벽이 없어져 무역이 자유롭게 이루어지게 된단다.

이처럼 무역이 자유롭게 이루어지면 사실상 양국의 경제를 통합하는 것이나 마찬가지가 될 거야. 물론 협상과정에서 일정한 제한을 두기는 하지만 그 제한이란 것이 대체로 일정한 기간까지의 경과조치일 뿐 기본적으로 FTA는 협정당사국 사이의 무역에서 품목 제한과 관세를 없애 자유무역이 이루어지게 하는 것이거든. 그래서 유예기간을 둠으로써 당장 양국 경제가 통합되는 것은 아니라 하더라도 종국적으로는 양국의 경제가 통합되는 거지. 한미FTA에서도 미국은 관세를 100퍼센트 없애고 한국은 99퍼센트를 없앴는데 이것은 양국의 경제를 통합하는 것이나 마찬가지란다.

국가끼리의
경제통합은 옳지 않다

그렇다면 양국의 경제를 통합해도 좋을까? 근본적으로 양국의 경제를 통합하는 것은 옳지 않단다. 각 나라는 고유한 성격의 경제적 자원과 이를 운용하는 경제체제를 가지고 있어야 국민의 행복한 삶을 실현할 수 있기 때문이지. FTA를 통해 다른 나라의 경제와 통합하게 되면 그 나라 경제의 고유성이 파괴된단다. FTA를 체결하면서 각 나라의 특수한 사정을 배려하는 약간의 예외조항을 둘 수는 있지만 이러한 특수한 사정은 머지않아 무시될 수밖에 없거든. 각 나라의 경제적 조건은 물론 역사와 문화와 습속이 다를 수밖에 없는 터에 이러한 것이 무시될 수밖에 없는 FTA를 체결하면 국민 생활에 엄청난 혼란이 생길 거야.

그래서 설사 FTA를 통해 경제적 이익을 크게 얻는다 하더라도 그것으로 국민이 행복할 수 있는 것이 아님을 알아야 한단다. 경제적 이익이 중요하기는 하지만 경제적 이익이 크더라도 다른 부문의 혼란과 불안이 증대된다면 국민이 행복할 수 없을 것이니 말이다. 국민을 행복하게 할 수 있으려면 경제를 어떻게 운용해야 하느냐에 대한 철학적 이해가 있어야 한단다. 경제에 대한 깊은 철학적 고려 없이 경제적 효율성만 고려해 FTA를 체결하면 국민도 불행하지만 국민경제도 파탄나게 된단다.

그래서 한미FTA는 옳지 않으며 한미FTA뿐 아니라 그 어떤 나라와의 FTA도 옳지 않다는 거지. 물론 세상이 근본적으로 바뀐다면 그때는

FTA가 각국 국민의 복지에 좋을 수도 있을 거야. 그러나 그것은 그런 환경이 조성되었을 때 판단할 일이지 지금 판단할 일은 아니란다. 특수한 경우가 있을 수는 있지. 유럽공동체EU처럼 각국의 경제수준이 비슷하고 문화가 비슷한 나라들이 자유무역협정을 맺어 역내 국가 사이의 무역에 대해 관세를 없애고 경제활동을 자유롭게 하는 것은 각국 국민에게 좋은 일일 수 있거든. 그리고 싱가포르처럼 작은 도시국가로서 무역으로 국가경제를 유지하는 나라도 FTA를 체결하는 것이 국가경제나 국민의 삶의 질 향상에 도움이 될 거야.

미국과 FTA를 체결하기 전에 일본이나 중국과 먼저 FTA를 체결해야 한다는 주장도 있는데 이 또한 옳지 않단다. 중국 및 일본과 '경제공동체'라는 지역협력체를 만들 필요는 있지만 각국의 경제를 통합해서는 안 된단다. 또 미국과 같은 경제대국과 FTA를 체결하기보다 개발도상국과 FTA를 체결하는 것이 우리나라에 유리하다고 생각하는 경우도 있는데 그것 또한 옳지 않지. 거듭 말하지만 FTA를 통해 경제적 이득을 얻을 수 있다 하더라도 그것이 많은 국민들의 일자리를 빼앗아 국민들을 불행하게 할 것이기 때문이다.

많은 경우 앞으로 FTA가 보편화되리라고 생각하는 경향이 있으나 FTA가 보편화되는 일은 없을 것이고, 또 보편화되어서도 안 될 거야. 실제로 WTO에 등록된 FTA는 불과 20여 개국에 의한 20여 개 뿐이라고 하는구나. 이것은 FTA가 보편화될 수 없음을 말해주는 것 거란다.

FTA를 체결하지 않아야 할 근본적 이유

　동빈아! 자유무역을 정당화하는 논리가 있는데 '비교우위이론'이 바로 그것이란다. 비교우위이론이란 영국의 경제학자인 데이비드 리카도 David Ricardo가 주장한 이론으로, 자국에서 생산된 상품이 외국에서 생산된 상품과 비교해 상대적으로 생산비가 싸 비교우위에 있을 때 각국은 이를 특화하여 무역을 하는 것이 유리하다는 것을 설명한 이론이지. 이 이론은 200여 년간 그 타당성을 인정받아 자유무역의 이론적 근거가 되어왔단다.

　그러나 비교우위이론은 다음과 같은 조건이 갖추어져 있을 때 타당한 이론이란다. 즉 보유하고 있는 자원의 양이 일정하고, 완전고용이 실현되며, 재화의 균형적인 교환이 유지된다는 것이 전제되어야 하지. 이 전제가 성립되지 않으면 이 이론도 성립될 수 없단다. 과연 이런 조건을 갖춘 나라가 있을까?

　비교우위들은 이런 근본적인 한계를 지니고 있단다. 가령 미국은 쌀이 비교우위에 있고, 한국은 자동차가 비교우위에 있다고 하자. 이 경우 비교우위이론에 따르면, 미국은 쌀만 생산하고 한국은 자동차만 생산해서 무역을 하는 것이 양국 모두에게 이익이 된다는 거지. 만약 비교우위이론에 따라 미국은 쌀만 생산하고 한국은 자동차만 생산한다면 어떻게 양국의 국민이 적절한 일자리를 확보해 일정한 소득을 올리면서 행복하게 살 수 있겠니? 미국에게 있어 쌀이 아무리 비교우위에 있다 하더라도 미국 국민 전체가 쌀농사를 지을 수는 없는 것이고, 한국에게 자동차가 비교우위에 있다 하더라도 한국 국민 전체가 자동차만 생산할 수는 없을 테니 말이다.

FTA문제에 대해서 올바른 판단을 하려면 경제가 인간에게 어떤 의미를 가지고 있는지에 대한 철학적 인식이 있어야 한단다. 즉 경제의 본질적 의미에 기초해서 FTA를 판단해야 하는 거지. 흔히 경제는 인간의 삶에 필요한 재화와 용역을 충당하는 데 그 의미가 있는 것으로 생각하지만, 그것은 국민의 기본생활이 보장되기 어려운 시대에 경제가 갖는 주된 역할이었단다. 경제가 어느 정도 발전하여 국민의 기본생활이 보장될 만한 상황에서는 재화와 용역의 조달 자체보다 재화와 용역을 생산하거나 공급하는 경제활동 속에서 자아실현, 곧 자기의 꿈과 의지를 실현하는 것이 더 중요하게 되었지. 말하자면 보람과 기쁨을 누릴 수 있는 노동의 기회가 보장되어야 인간이 행복할 수 있다는 것을 전제하고서 FTA가 과연 그런 기회를 많이 제공할 수 있는지를 따져야 하는 거란다.

그러면 FTA는 국민에게 자아실현이 가능한 노동의 기회를 많이 제공할까? 아니면 이에 역행할까? FTA는 당연히 이에 역행한단다. 전 국민이 다양한 경제활동을 해야 그런 기회를 많이 확보할 수 있는데 FTA로 산업을 특화해서 몇몇 종류만 활성화한다면 기회가 대폭 줄어들 수밖에 없지. 특히 비교우위를 갖지 못하는 산업은 도태함으로써 많은 국민들이 일자리를 잃는단다.

그래서 FTA를 통해 설사 경제적으로 많은 이득을 본다 하더라도 그것이 한국 국민에게 자아실현의 노동을 할 수 있는 기회, 곧 보람과 기쁨을 얻을 수 있는 창조와 생산의 기회를 박탈한다면 우리 국민이 행복하게 사는 데 도움이 되지 않는단다. FTA로 국민소득이 몇 만 달러가 더 늘어난다 하더라도 특수한 생산영역에서의 경제활동만 확대될 뿐 전체적으로 생산영역이 줄어들어 경제활동인구가 크게 축소될 것이 분명한 이상 국민의 복리증진에 전혀 기여하지 못할 것이다. 오히려 절대다수의 국민을 비참한 상황으로 내몰게 될 거야. 한미FTA는 이런 상황을 초래할 가능성이 대단히 크단다.

물론 국민총생산이 증가하는 것과 수출을 많이 하는 것은 의미 있는 일이지만 지금은 국민총생산과 수출이 늘어나는 것보다 국민에게 일자리를 제공하는 것이 더 중요하다는 것을 염두에 두어야 한단다. 국민소득만 올라가면 행복할 수 있으리라는 판단은 잘못된 거지. 국민소득이 다소 낮더라도 그 나라의 국민들이 인적·물적 자원을 활용해서 경제활동을 하는 것이 행복할 수 있는 길이란다.

특히 서비스분야, 곧 금융, 교육, 의료, 법률 등의 경우 특별한 상황에서 선별적으로 도입하는 것은 상관없으나 이들 분야를 일률적으로 개방하는 것은 대단히 위험한 일이지. 서비스분야는 경제적 효율성으로만 따져서는 안 되는 그 나라 고유의 문화와 전통을 반영하고 있는데, 이런 서비스분야가 경쟁력이 없다는 이유로 붕괴된다면 그것은 민족적으로 크나큰 손실 아니겠니?

FTA가 체결되면 이른바 '글로벌 스탠더드(세계표준)'에 따라 산업의 존폐가 결정되는데, 이것은 경제적으로 굉장히 합리적인 것처럼 보이지만 전혀 합리적이지 않단다. '글로벌 스탠더드'가 주로 서구 내지 미국 중심의 표준이기 때문에 다른 나라에 강제하는 것은 옳지 않단다. 그리고 그것이 동양 중심이거나 한국 중심이라 하더라도 전 세계의 모든 국가에 동일한 기준을 적용해서는 안 된단다. 물론 분야에 따라서는 인류 보편의 기준이 있을 수는 있지만 그것은 예외적인 것에 불과할 거야.

FTA를 적극 찬성하는 사람들은 주로 '국민소득 지상주의'에 빠져 있는 사람들인데, 국민소득이 높아지는 것은 좋은 일이지만 현재와 같은 양극화 경제구조와 이기적 가치관 속에서는 국민소득을 아무리 높여도 사회적 위화감만 더 커진단다. 절대빈곤 상태에 있을 때는 국민소득의 증가가 절대적으로 중요할 수 있었지만 국민소득이 1만 달러를 넘어서면 국민소득의 크기에 비례해서 국민의 행복이 결정되는 것이 아니란다.

개인 간의 교류와 협력에서도 자기의 고유한 영역을 유지할 때 행복할 수 있는 것이지 상대방과 똑같이 되어서는 행복할 수 없는 것이 세상의 이치 아닐까? 논어의 화이부동和而不同, 곧 '상대방과 화합을 이룰지언정 꼭 같아져서는 안 된다'는 말은 국가 사이의 관계에서도 그대로 적용되어야 할 것 같구나. 공자가 추구한 대동大同세상은 모두가 똑같이 사는 세상이 아니라 각자 자기의 삶을 살되 한 데 어우러져 화목하게 사는 세상을 말한단다. 이처럼 세계 각국은 자기 나라의 특성에 맞는 삶을 영위하면서 조화를 이룰 수 있어야 한단다. 그래서 '글로벌 스탠더드' 운운하며 다양성을 파괴하는 FTA는 옳지 않은 거야.

대외개방과 세계화가 필요 없는 걸까?

동빈아! 내 주장처럼 어느 나라와의 FTA도 반대한다면 대외개방과 세계화를 원천적으로 반대하는 것이냐고 반문할 사람이 있겠지. 그렇지는 않단다. 대외개방도 해야 하고 세계화도 해야 하지. 그러나 그것은 각국의 실정에 맞는 정도까지만 해야 한단다. 현 시점에서는 WTO체제 내의 대외개방과 세계화로 충분하고 그것으로 부족한 점이 있으면 다양한 경제협정으로 보완하면 될 거야. 대외개방을 하고 세계화를 추진한다고 해서 안방까지 다 내놓는 개방이거나 세계화여서는 안 되지. 대외개방을 하고 세계화를 할수록 민족의 정체성을 유지해야 하거든. 자기의 정체성을 유지하는 것은 자기를 위해서도 필요하지만 상대방을 위해서도 필요하단다. 서로 다르면서 협력해야 서로에게 좋지 않겠니?

미국과의 FTA를 반대한다고 해서 미국과 경제교류를 하지 않아야 한다는 것은 전혀 아니란다. FTA의 체결 없이도 이미 엄청난 규모의 경제교류가 이루어지고 있는데, 이런 교류를 확대할지언정 축소해야 할 이유가 없지. 만약 충분치 못한 점이 있다면 부분적으로 경제교류가 더 활발해질 수 있도록 협정을 맺으면 되는 거야. 굳이 양국 경제를 통합하는 차원의 FTA를 체결할 필요는 없는 거지.

미국과의 FTA는 적절치 못하다

어떤 나라와도 FTA는 체결하지 않아야 하지만 특히 미국과의 FTA 체결은 더 옳지 않단다. 미국은 경제규모가 크고 국민소득도 높아 우리가 경쟁할 수 있는 상대가 아니란다. 게다가 미국이란 나라는 각 주별로 경제운용 시스템이 달라 FTA를 체결하더라도 미국의 각 주가 그것을 지킨다는 보장도 없지. 미국과 FTA를 체결하게 되면 한국은 한국시장만 내주고 미국시장에는 제대로 접근하지 못하는 상황에 직면할 가능성이 크단다. 그렇게 되면 불평등협정이란 말이 나오게 마련이고 분쟁이 자주 발행하겠지.

그런데 동빈아! 내가 앞에서 설명한 것처럼 미국이란 나라는 세계 제1의 경제대국이긴 하지만 경제의 내용이 왜곡되어 많은 문제를 안고 있단다. 그러나 미국은 왜곡된 경제를 바로잡으려 하기보다 전 세계에 금융산업과 서비스산업을 진출시켜 왜곡된 경제로 말미암은 피해를 보충하려고 하는데, 이것은 미국의 어려움을 다른 나라에 떠넘기는 일이 아닐 수 없지. 미국이 다른 나라와 FTA를 적극 추진하려는 배경에는 그런 사정이 깔려 있단다. 그래서 한국이 앞장서서 한미FTA를 추진하는 것은 미국의 그러한 정책에 부응하는 어리석기 짝이 없는 일이란다. 그렇다고 미국이 득을 보는 것도 아니란다. 미국은 이런 비정상적인 방법으로 미국경제의 파탄을 땜질하려 할 것이 아니라 근본적인 대책을 강구해야 한단다. 근본적인 대책이란 미국의 산업을 전반적으로 정상화하는 일이고, 그 일차적인 과제는 이미 붕괴되다시피 한 제조업을 회생시키는 일이지.

미국과 FTA를 체결하더라도 한국이 득볼 것이 별로 없다는 것이 일반적 분석이구나. 미국 시장은 크기도 하고 또 지난날은 한국에게 절대적으로 중요했으나 이제 미국 이외에도 큰 시장이 많아 미국 시장의 중요성이 크게 줄어들었거든. 여기다가 양국의 평균관세율을 보면 한국이 7.9퍼센트인데 비해 미국은 1.7퍼센트라고 하는구나. FTA로 양국의 관세장벽이 없어지면 한국보다 미국이 더 큰 이익을 본단다. 한국으로서는 수출을 크게 늘리지도 못하면서 농축산업과 서비스업의 황폐화만 초래하게 돼 있지. 한국의 농축산업과 서비스업이 고전하는 것은 대외개방에 따른 후속대책을 강구하지 못하는 한국 정부의 무능과 무성의 때문이란다. 그런데 국내정책을 제대로 정비하지 못한 상태에서 FTA까지 체결하면 미국의 농축산물이 아무 제한 없이 한국에 들어와 한국의 농축산업과 서비스산업은 몰락할 수밖에 없단다.

그런데 오바마 정부는 한미FTA의 내용이 미국에게 불리하다는 이유로 한미FTA에 대한 재협상을 요구하면서 비준을 미루고 있단다. 이처럼 미국이 한미FTA를 반대한다면 기존 협정 내용이 한국에 유리하기 때문이라고 생각하는 경향이 있는데 그것은 착각이란다. 앞에서 설명한 바 있듯이 FTA는 양쪽 모두에게 불리한 협정이란다. 미국이 반대한다고 해서 우리에게 유리한 것은 아니지.

Chapter 26

자아실현의 인간해방세상, 정말로 만들 수 있을까

동빈아! 앞에서 정보문명시대의 도래에 잘 대응하면 참된 의미의 자유와 평화와 복지와 자아실현이 보장되는 '자아실현의 인간해방세상'을 건설할 수 있다고 여러 차례 강조했었지? 그런데 정말로 자아실현의 인간해방세상을 건설할 수 있을까? 앞에서 정보문명시대의 도래에 잘 대응하면 자아실현의 인간해방세상을 건설할 수 있는 이유를 여러 차례 밝혔지만 이를 강조하는 의미에서 다시 한 번 설명하려고 한다.

그런데 자아실현의 인간해방세상이 어떤 세상인지 그 개념에 대해서 먼저 밝혀두어야 하겠구나. 그렇지 않으면 많은 오해가 발생할 것 같아서 말이다.

자아실현의 인간해방세상이라고 하면 흔히 아무 일을 하지 않아도 먹고 입고 잘 수 있도록 모든 것이 다 갖추어져 있는 것은 물론이고, 심지어 영원한 생명을 누리는 세상을 생각하기 쉽지. 성경의 에덴동산이나 도연명의 무릉도원 같은 세상 말이다. 그런데 내가 이 책에서 말하는 자아실현의 인간해방세상은 위와 같은 의미의 세상은 아니란다. 부족함이나 갈등이 전혀 없는 세상이 아니라 부족함이나 갈등이 어느 정도 있어서 그것을 해소하기 위한 노력 속에서 보람과 기쁨을 누리는 세상이지.

부족함이나 갈등이 전혀 없으면 자아실현의 인간해방세상이 될 수 없단다. 왜냐하면 인간은 부족함이나 갈등을 해소해가는 노력 속에서 자아실현의 보람과 기쁨을 누릴 수 있으니 말이다. 그러니까 부족함과 갈등이 있되 그것이 인간을 비참하게 할 정도의 것이 되어서는 안 된다는 거야.

이런 입장에서 보자면 우리가 자아실현의 인간해방세상 건설이나 사회개혁을 위해 노력하는 것은 부족함이나 갈등이 전혀 없는 사회를 건설하기 위한 것이 아니라 인간을 비참하게 할 정도의 부족함이나 갈등을 없애기 위한 것이란다.

동빈아! 인간이 행복할 수 있기 위해서는 자아실현이 가장 중요하다는 것을 명심해야 한단다. 그러나 자아실현의 인간해방세상, 곧 이상국가의 형태에 대해서는 사람에 따라 그 모습이 다를 수 있단다. 가령 토마스 모어의 '유토피아'에서는 생활에 필요한 모든 것을 공동으로 소유하는 것은 물론 교육, 문화, 철학, 종교 같은 정신적인 것들도 공동으로 이용하고 있더군. 그러니까 절대평등의 나라인 거지. 내 생각으로 그런 나라에서는 자기의 꿈과 뜻을 펴는 자아실현이 불가능할 것 같구나.

그리고 마르크스는 모든 것을 공동으로 소유하면서 각자 능력에 따라 일하고 필요에 따라 분배받으며 국민에 대한 합법적 지배를 제도화해놓은 국가를 폐지하고 사회적으로 평등한 사람들의 자치로 운영되는 공산주의 사회를 자아실현의 인간해방세상으로 제시했단다. 그러나 이런 사회 또한 자아실현의 인간해방세상이 될 수 없을 것 같구나. 앞에서 말한 대로 부족함과 갈등이 존재하지 않으면 인간의 행복에 반드시 필요한 자아실현의 기회가 있을 수 없기 때문이지.

그래서 흔히 공산주의로서의 사회주의에 대해 이론적으로는 옳은데 현실적으로 실현되지 않아서 실패했다고 보는 사람들이 많단다. 그러나 사회주의는 그 이론대로 실현되지 않아서만 옳지 않은 것이 아니라 이론적으로도 옳지 않단다. 사유재산과 시장경제를 부정하고 모든 것을 공동으로 소유하며 중앙정부의 계획에 따라 경제가 이루어지는 공산주의사회에서는 자아실현의 노동과 인간해방이 실현될 수 없거든.

그러면 정보문명시대의 도래로 인간의 해방된 삶이 실현되는 자아실현의 인간해방세상이 건설될 수 있는 이유를 정리해보자.

첫째, 과학기술의 첨단적 발달에 기초해 산업이 정보화하면서 사회적 생산력이 비약적으로 발전해 인간의 삶에 필요한 재화와 용역이 충분히 생산될 수 있기 때문이란다. 그러나 재화와 용역이 충분히 생산될 수 있다고 해서 이를 무한정하게 소유하려고 해서는 안 된단다. 무한정하게 소유하려고 하지 않아야 하는 것은 그것이 사회적으로 문제를 야기하거나 환경을 파괴하기 때문만이 아니라 사람을 불행하게 하기 때문이란다. 욕망을 억제할 수 없는 사람은 아무리 많은 것을 소유하더라도 행복할 수 없거든.

둘째, 산업의 정보화에 따른 노동생산성의 비약적 발전으로 노동시간이 획기적으로 줄어들어 여가시간이 많아짐으로써, 한편으로는 인간의 해방된 삶에 필요한 지식을 습득할 수 있게 되었고, 다른 한편으로는 자아실현의 문화생활을 할 수 있게 되었기 때문이란다.

대중이 사회운영, 곧 정치의 주체가 되어야 인간해방에 반드시 요청되는 자유를 확보할 수 있는데, 대중이 정치의 주체가 될 수 있으려면 정치, 경제, 사회, 문화 등에 대한 지식이 있어야 한단다. 또 해방된 삶을 살 수 있으려면 그에 합당한 세계관과 가치관을 정립하고 있어야 하는데, 이를 위해서도 인간과 사회 및 세상의 이치에 대해 상당한 정도의 지식이 있어야 하지. 산업의 정보화는 인간으로 하여금 이런 지식을 가질 수 있도록 해주거든.

셋째, 과학기술의 첨단적 발달로 인간이 해보고 싶은 일은 무엇이든지 해볼 수 있을 정도로 다양한 일거리가 생기기 때문이란다. 그래서 모든 사람이 다양한 일을 하면서 자아실현의 보람과 기쁨을 누릴 수 있게 되었단다.

동빈아! 요즘 경제문제 등으로 어려움을 겪는 사람이 많긴 하지만 세상이 발전한 것 또한 사실 아니니? 앞에서 누누이 설명했듯이 사회경제적인 조건으로만 본다면 부족할 것이 없을 정도거든. 그래서 사회를 잘 운영하고 인생을 잘 영위한다면 충분히 자아실현의 인간해방세상을 건설할 수 있고, 그 속에서 해방된 삶을 살 수 있을 거야.

Chapter 27

왜 자아실현의 인간해방세상을 만들어야 할까

　동빈아! 자아실현의 인간해방세상을 건설할 수 있다고 말하면 믿을 사람이 있을까? 별로 없을 거야. 특히 정치를 하는 사람이 이런 말을 하면 정치인의 상투적인 거짓말로 생각해서 관심조차 기울이지 않거든. 그리고 지식인들 가운데는 유토피아니즘(자아실현의 인간해방세상을 건설할 수 있다고 보는 이념)의 역사적 폐해를 들어 이 주장이 위험한 사고방식이라고 반대할 가능성이 높단다. 유토피아니즘에 빠지면 독선적이 되기 쉽단다. 마르크스주의자(사회주의자 내지 공산주의자)들이 능력에 따라 일하고 필요에 따라 분배받는 노동해방·인간해방의 공산주의 사회, 곧 자아실현의 인간해방세상 건설을 주장했지. 그런데 이것이 독선으로 나타나 정치적으로는 일당독재·일인독재를 합리화하고, 사회적으로는 일체의 자유를 봉쇄하면서 획일적 사고를 강요해 엄청난 폐해를 가져왔거든. 그래서 능력에 따라 일하고 필요에 따라 분배받는 공산주의 사회를 약속하는 사회주의만 배격하는 것이 아니라 유토피아를 약속하는 일체의 유토피아니즘을 배격하는 풍조가 만연하게 되었단다.

그럼에도 불구하고 왜 나는 정보문명시대의 도래에 잘 대응하면 자아실현의 인간해방세상이라는 유토피아를 건설할 수 있다고 주장할까? 첫째는 자아실현의 인간해방세상을 건설할 수 있는 새로운 이념과 정책을 강구하지 않으면 오늘 전 세계가 맞고 있는 대량실업이나 소득양극화 등의 경제위기와 사회갈등을 해결할 수 없기 때문이란다. 그리고 이른바 '20 대 80의 사회'를 개선할 확실한 방안이 제시되지 못한다면 사회가 더 삭막해지기 때문이야.

그리고 이를 목표로 하지 않으면 사회를 발전시킬 수 없는 것은 물론이고 국민 개개인도 온전한 사람이 될 수 없단다. 즉 '인간이 사는 사회에는 언제나 지배와 착취, 불평등과 불공정, 갈등과 투쟁 등이 있게 마련인 만큼 완벽한 사회를 지향해서는 안 되며, 인간도 어차피 불완전한 존재인 만큼 완벽한 인간이 되려고 해서도 안 된다'는 생각과 자세를 가져서는 사회를 발전시킬 수도 없고 또 행복할 수도 없단다. 지배와 착취, 불평등과 불공정, 갈등과 투쟁, 심지어 온갖 범죄가 있고서야 어떻게 인간이 행복할 수 있겠니?

그런데 동빈아! 이러한 이유와 전혀 다른 이유 한 가지를 더 말해보고자 한다. 개인이든 사회든 '완전한 것'을 추구해야 한다고 생각하는 사람도 있고, '완전한 것'은 있을 수 없기 때문에 '완전한 것'을 추구해서는 안 된다고 생각하는 사람도 있지. 또 '완전한 것'은 있을 수도 없거니와 그런 것을 추구하면 독선적이 되기 쉽기 때문에 추구해서는 안 된다고 생각하는 사람도 있단다.

과연 개인이든 사회든 '완전한 것'을 추구하면 안 될까? 사람에 따라 견해가 다를 수 있겠지만 '완전한 것'을 추구해야 한단다. '완전한 것'을 실현할 수 있기 때문이기도 하지만 행복한 삶을 살기 위한 방편으로라도 '완전한 것'을 추구해야 한단다. 다만 내가 앞에서 자아실현의 인간해방세상의 개념을 설명하면서 자아실현의 인간해방세상이라고 해서 부족함과 갈등이 전혀 없는 세상은 아니라고 말했듯이 '완전한 것'이라고 해서 더 이상 발전할 것도 변할 것도 없는 것을 말하는 건 아니란다.

동빈아! 이 글을 끝내면서 전태일이란 사람에 대해 몇 마디 언급해두고 싶구나. 전태일이란 사람 아니? 너희들은 잘 모를 거야. 굉장히 유명한 사람인데도 말이다.

전태일이란 사람은 1970년 서울 평화시장에서 노동자의 인간다운 삶을 실현키 위해 노동운동을 하다 23살의 젊은 나이에 죽은 노동운동가였단다. 너무나 가난해서 초등학교도 제대로 졸업하지 못했음에도 불구하고 좌절하지 않고 오히려 그 속에서 인간에 대한 무한한 사랑과 세상을 보는 밝은 지혜를 키웠단다. 그리고 모든 사람이 인간적인 정을 나누면서 살 수 있는 세상이 건설되기를 바라는 높은 꿈을 품었고 그 꿈을 이루기 위해 자신의 생명까지 바쳤단다. 그래서 그는 인간해방운동의 초석이 되었을 뿐 아니라 우리사회의 민주화와 노동운동의 발전에 크게 공헌했단다.

그런데 그는 이런 말을 했더구나. '사람들의 공통된 약점은 희망함이

적다는 것이다'라고 말이다. 이 말은 오늘의 세태를 정확히 지적한 말이기도 하거니와 우리가 어떤 자세로 살아가야 하는지를 밝힌 말로 생각되는구나. 대부분의 사람들이 사회 전체의 발전을 지향하지 못하고 자기만 잘살아보려고 발버둥치고 있으니 말이다. 그야말로 '희망함이 적은' '소시민'으로 살아가고 있는 거지. 심지어 꿈과 용기로 생기발랄해야 할 청소년들조차 입학시험이나 취직시험에 주눅이 들어 소시민화되고 있는 실정이지. 이래서야 되겠니?

이런 때야말로 '희망함이 적은 것'을 지적한 전태일의 말을 상기하면서 '청소년이여, 야심을 품어라Boys, be ambitious'는 말을 가슴에 새겨야 할 것 같구나. 부디 너희들이 자아실현의 인간해방세상 건설이라는 높은 꿈을 이루어나가길 바란다.